Dealing with Difficulties

旅行英会話
困ったときにはこの表現!

伊藤典子

評論社

★はしがき★★★

　今や地球全体が Global Village と呼ばれています。"Surf the net"と言われるよう Internet で世界中の人々と交流し，コミュニケーションがとれる時代となりました。Internet の普及によって，お互いの交信相手をその人の外見や社会的な地位で判断するのではなく，その人が意思伝達のために使っている言葉で判断するようになってきています。

　しかし，相手や場面，状況などがわからないため，適切ではない表現・言い方で誤解されたり，あるいはトラブルに巻き込まれたりすることがあります。また，言葉がわかっていても，文化・習慣の違いから意思の疎通ができない場合もあります。思いがけないことにぶつかったり，処理できないハプニングにも遭遇します。

　英語教授法の中に Input Hypothesis（インプト仮説）というのがあります。これは英語を習得するにあたり，できるだけ多くの英語をインプットする事が一番効果的であるということです。英語をインプットするというのは，英語を聞いたり，話したり，読んだり，書いたり，文章や表現，熟語に触れて，使い，理解することです。インプットが十分であれば，自然に英語を聞く力だ

けでなく，話す力も身につけていくことができます。それには，できるだけ多くの英語に触れることです。

　本書は，困った場面・状況に遭遇したとき，どのように英語で対処すればよいのかという会話例を豊富に取り入れました。実際には，本文中の会話例通りに場面が展開するとは限りませんが，流れは十分理解していただけると思います。これらの例文を状況に即して応用・工夫してみてはいかがでしょうか。

　本書にはＣＤがついています。ＣＤから発音・イントネーション・リズム・アクセント，また間の取り方を学び取ってください。なお最後に本書の執筆・刊行にあたり，日本大学の Kathleen Godfrey 講師と Richard Powell 助教授，並びに評論社の竹下みな会長，竹下晴信社長，人見邦男氏に改めて厚い感謝を捧げます。

2003年1月12日

伊藤　典子

★もくじ★★★

1 紛失・盗難 ——————11

[CD1-1]
●紛失・盗難の際の手続き……………………17
　パスポート／17　　クレジット・カード／17
　トラベラーズ・チェック／18

2 事　　故 ——————20

[CD1-2]
　Ⅰ．交通事故………………………………………21
　Ⅱ．救急車…………………………………………26

3 病　　気 ——————28

[CD1-3]
　腹痛／29　　下痢・便秘／31　　頭痛／32
　発熱／34　　咳・呼吸困難／35　　腰痛／36
　胸痛／37　　出血／38　　骨折／40
　火傷／41　　排尿困難／41　　アレルギー反応／42
　異物／43　　神経症／45　　意識消失／45
　歯痛／46　　薬／48

4　飛行機の中で ——————— 50
[CD1-4]

5　入　　国 ——————————— 56
[CD1-5]
- I. 入国審査 …………………………………… 56
- II. 税関 ………………………………………… 59
- ★ 荷物紛失・破損の場合 ……………………… 61

6　空港にて ——————————— 62
[CD1-6]
- I. 乗換え ……………………………………… 62
- II. 両替 ………………………………………… 65
- III. 観光案内所 ………………………………… 67
- IV. 空港から宿泊先へ ………………………… 69
  タクシー／69　　バス／71　　自動車／72

7　ホテルにて ——————————— 73
[CD1-7]
- I. ホテルの予約 ……………………………… 73
- II. チェックイン ……………………………… 76
- III. フロントにて ……………………………… 77
  問い合わせ／77　　苦情／79
- IV. 部屋にて …………………………………… 82

　　　　ルームサービス・ヴァレーサービス／82
　　　　部屋からの電話／85
　　Ⅴ. 会計カウンターにて……………………………87
　　　　両替／87
　　Ⅵ. チェックアウト………………………………88

8 市内にて───92

[CD2-1]
　　Ⅰ. 観光案内所………………………………………92
　　　　市内案内／93　　観光ツアー／94
　　　　芝居・ミュージカル・コンサート・オペラ・バレエ／95
　　　　ナイトクラブ・ディスコ／97
　　　　スポーツ観戦／98　　スポーツをする／99
　　　　美術館・博物館／100
　　Ⅱ. 美容院・理髪店 ………………………………102
　　　　美容院／102　　理髪店／104
　　Ⅲ. 道案内 …………………………………………105
　　　　道を尋ねる／105　　道順を教える／108
　　　　トイレを尋ねる／109

9 乗り物───110

[CD2-2]
　　Ⅰ. 飛行機 …………………………………………111
　　　　予約／111　　予約の再確認／113
　　　　予約の変更／114　　満席／116　　搭乗手続／117

II. 鉄道 ……………………………………………119
  予約／119　切符購入／120　周遊券／121
  車内／122
III. バス ……………………………………………124
  長距離バス／124　市内バス／125
IV. 地下鉄 …………………………………………127
V. 車 ………………………………………………128
  タクシー／128　レンタカー／129
  ガソリンスタンド／132
VI. 船 ………………………………………………135

10 買い物 ——————————————136

[CD2-3]

スーパーマーケット／137　ドラッグストアー／137
カメラ屋／139　衣料品店／140　靴屋／142
宝石店／143　支払い／145　配達・別送／147
苦情／148

11 銀行・郵便局 ————————————150

[CD2-4]

I. 銀行 ……………………………………………150
II. 郵便局 …………………………………………153

12 電話 ———— 156

[CD2-5]
- I. 公衆電話 ……………………………………156
- II. 国際電話 ……………………………………159

13 食事 ———— 162

[CD2-6]
- I. レストラン …………………………………163
  予約／163　レストランに入る／165
  着席・食前酒／166　注文／167　食事中／169
  デザート／171　食事を終えて／172
  支払い／173
- II. カフェテリア ………………………………175
- III. ファースト・フード ………………………176
- IV. バー …………………………………………177

14 帰国 ———— 179

[CD2-7]
　予約／180　予約の再確認／180
　チェックイン／181

装幀：川島進（スタジオ・ギブ）
イラスト：東森まみ

旅行英会話
困ったときにはこの表現!

1─紛失・盗難
Lost・Stolen

　パスポートや貴重品を紛失したり，盗難にあったりしたら，まずホテルの警備係かあるいは警察に届け，盗難証明書を作ってもらいます。これは，再発行や保険請求の時に必要です。

- 遺失物係はどこですか。
  Where's the lost-and-found?

- 警察署はどこですか。
  Where's the police station?

- 警察に電話をしてください。
  Call the police!

- 誰に知らせたらいいですか。
  Who should I inform?

- 探してください。
  Could you help me to find it?

- ここにバッグがありませんでしたか。
  Did you see a bag here?

- クレジットカードをなくしました。
  I lost my credit card.

- 財布を盗まれた。
  My wallet has been stolen.

- 財布をすられた。
  My wallet was taken by a pickpocket.

- トラベラーズ・チェックと身分証明書の入ったハンドバッグをなくしました。
  I've lost my purse with my traveler's checks and my identification card.

- タクシーにカメラを置き忘れました。
  I left my camera in the taxi.

- 部屋を空けている間にダイヤの指輪がなくなりました。
  My diamond ring was stolen while I was away from my room.

- カメラをここに置いといたのですが，戻ったらなくなってしまった。
  I left my camera here but it was gone when I came back.

- 何時頃連絡をもらえますか。
  When can you let me know the result?

- どこに取りにいけばいいですか。
  Where should I come to get it?

- 日本大使館はどこにありますか。
  Where's the Japanese Embassy?

- 日本語を話せる係員を呼んでください。
  Could you call for a Japanese speaking staff member?

● 事故証明書をください。
May I have a certificate of the accident?

● 緊急です。助けて。
Emergency! Help!

● 泥棒。出て行け。(そんな悪いことは) やめろ。
Robber! Get out of here! Stop it!

● どうしましたか。
How can I help you?
　ハンドバッグをなくしたようです。
　I seem to have lost my purse.
どんなハンドバッグですか。
What kind of purse?
　茶色で，皮のショルダーバッグです。
　It's a brown leather shoulder bag.
何か入っていますか。
Have you got anythimg inside?
　パスポートと現金と市内地図です。
　My passport's in there and my momey and a city map.
お金はいくらですか。
How much money do you have?
　150ドルと日本円3万円です。
　I have one hundred fifty dollars and thirty thousand Japanese yen.

あ，それと住所録が入ってます。住所録の表紙に日本語で名前が書いてあります。
Oh, I have an address book in there and my name in Japanese is in the front.

わかりました。見つかったら連格します。
I see. We'll call you if we find it.

連絡先をここに書いてください。
Please write down your contact address here.

ここにはいつまで滞在していますか。
How long will you stay here?

● すみませんけど，時計をなくしてしまいました。

Excuse me, can you help me please? I've lost my watch.

　どこでなくされましたか。

　Where do you think you lost it?

ロビーのそばのトイレだと思います。

Well, I think I must have left it in the toilets near the lobby.

　何時頃ですか。

　Do you know what time?

15分くらい前です。手を洗うときにはずして，洗面台の前に置きました。部屋に戻ってから気がついて，すぐ戻ったんですが，もうなくなっていました。

Well, it was only about fifteen minutes ago. I think I took it off to wash my hands and I left it in front of the wash basin. When I went back to the toilets again to see if it was there, it had disappeared.

　どんな時計か教えてください。

　Can you give me some details, please?

セイコーの普通の時計で，日付と秒針がついています。
金色で黒の皮バンドです。

Well, it's an ordinary sort of watch, a Seiko. It's got a date indicator and a second hand. It's a gold color, and it's got a black leather strap.

　わかりました。トイレの清掃係に聞いてみましょう。

　O.K. I'll check with the cleaners.

紛失・盗難の際の手続き

★パスポート：passport

　パスポートをなくしたり盗まれたりした場合，まず現地の警察に届けて，盗難あるいは紛失届受理証明書を発行してもらいます。

　それから，現地にある日本大使館あるいは日本領事館へ行って再発給の手続きをとらなければなりません。

　その際，現地の警察でもらった盗難あるいは紛失届受理証明書1通，紛失届1通，一般旅券発給申請書2通，たて4.5cm×よこ3.5cmの写真2枚が必要です。再発給には2週間前後かかります。もし帰国が迫っている場合は，パスポートの代わりに『帰国のための渡航書』を発行してもらうことができます。その際の必要書類は，申請書，写真2枚，日本国籍を立証できるものです。発行にだいたい2日から3日かかります。

　パスポートの番号，発給年月日，発行地などは必ず控えておきましょう。

★クレジット・カード：credit card

　クレジット・カードは，現金の代わりに使用されるだけでなく，個人の信用度と身分証明の一種にもなるので，なくしたり盗まれたりしたことに気付いたらすぐに現地にあるクレジット・カード会社の事務所に電話をして，不正使用されないように連絡をとらなくてはいけません。その後，現地の警察にも紛失あるいは盗難の旨を届け出なくてはなりません。再発行には2〜3週間かかります。クレジット・カード会社

の連絡先の電話番号一覧表を携帯し，またクレジット・カードの番号を控えておくようにしましょう。

★トラベラーズ・チェック：traveler's check

　旅行小切手，トラベラーズ・チェックは自署入りの紙幣で，署名をした本人しか使えず，紛失した場合は，トラベラーズ・チェック発行銀行が再発行してくれます。購入時に1％の手数料がかかります。購入後すぐ左上の所定欄に署名し，使うたびに左下の所定欄に支払う人の目の前で署名します。

　トラベラーズ・チェックは現金と同様に使えるので，なくしたり盗まれたりした場合，まず警察に届けて，盗難届受理証明書あるいは紛失届受理証明書を発行してもらわなくてはいけません。その盗難あるいは紛失届受理証明書と，身分を証明するパスポート，トラベラーズ・チェックの控えを持って，トラベラーズ・チェック発行銀行に届けます。その際，すでに使った分の額，番号，枚数，そしてこれから再発行を受ける分の額，番号，枚数などが必要です。

　トラベラーズ・チェックの購入時に署名がされていないものと，まだ使用していないのにすでに左下の欄に署名がされているものは再発行されません。ただし，現地で戻る分は500USドルだけで，それ以外は帰国後支払われるのが通常です。

- トラベラーズ・チェックを盗まれたので，盗難証明書を発行してください。
  My traveler's checks were stolen. Could you make out a certificate of the theft?

- トラベラーズ・チェックを再発行してもらえますか。
  Can I have the traveler's check reissued?

- トラベラーズ・チェックの再発行に何日ぐらいかかりますか。
  How long does it take to have the traveler's checks reissued?

- トラベラーズ・チェックの購入控えはこれです。
  Here's the traveler's check purchase agreement.

- トラベラーズ・チェックの使用控えはこれです。
  Here's my record of the traveler's checks.

- トラベラーズ・チェックにまだ連署していません。
  The traveler's check are not counter-signed yet.

- 私のクレジット・カード番号を無効にしてください。
  Could you please cancel my credit card number?

- 私のクレジット・カードの番号は3198-7654です。
  The number of my credit card is three-one-nine-eight-seven-six-five-four.

2―事　故
Accident

　外国で事故に巻き込まれることが多いようです。車やバスあるいは鉄道，飛行機，ヘリコプターなどの事故は防ぐことができません。事故や災害に遭遇したときは，すぐに現地の日本大使館あるいは領事館に連絡をとりましょう。また保険会社にも連絡をすることと，入院しなければならない場合は，航空会社にも事情を説明して予約の変更もしておかなければなりません。

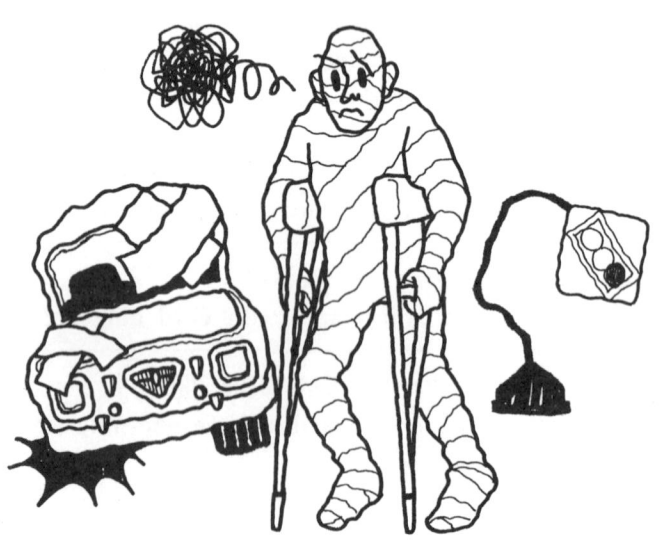

Ⅰ. 交通事故：traffic accident

　事故を起こしたら，ただちに警察，保険会社あるいはその代理店に連絡をします。レンタカーの場合は，レンタカー会社に電話を入れて，車の registration number を伝え，どこでどうして事故が起こったかを説明することが大切です。どちらの過失か，ケガの方は，死亡事故なのか，明確に知らせることです。

　保険会社には事故後72時間以内に，事故が起きたことを通知しなければなりません。レンタカーの場合は，レンタカー会社の方で保険のことは手続きしてくれます。

　事故の状況を説明すると警察が処理をしてくれます。事故が起こった際に，目撃者を探しておくことです。証人がいるかいないかでは大変な違いがあります。

　ケガの大小に関係なく，警察で事故の証明書と，病院で診断書を必ず発行してもらっておきましょう。事故証明書には，当事者の運転免許証番号，名前，住所，年齢，車のプレートナンバー，保険会社名，シートベルト着用の有無，双方の言い分，警官の名前などが書き込まれます。翌日指定された警察署に行ってこれのコピーをもらいます。

- 事故が起きました。
  There has been an accident.

- 交通事故にあいました。
  I was in a traffic accident.

- 今朝パリに向かう途中，国境近くで，車の事故を起こしてしまいました。
  This morning we were on the way to Paris. I'm afraid we had a car accident near the border.

- 車にはねられた。
  I was hit by a car.

- 乗っていたタクシーが追突されたのです。
  The taxi I was riding was hit from the rear.

- 車が溝に落ちてしまいました。
  I have run my car into a ditch.

- 車が転倒してしまった。
  My automobile rolled over.

- カーブが曲がり切れず，ガードレールにぶつけてしまいました。
  I couldn't turn the curve and hit the guardrail.

- 子供が飛び出したので避けようとして，止まっていたワゴンにぶつけてしまいました。
 As a child ran into the driveway, I crashed into a parked wagon.

- バスが急停車したので床に投げ出されてしまいました。
 The bus made a sudden stop and I was thrown on the floor.

- 私は大丈夫ですが，ケガをした人がいます。
 I'm all right but there's another person who is injured.

- 友達が重傷を負っています。
 My friend is badly hurt.

- 状況はよく覚えていません。
 I don't remember what happened.

- 私が悪いのではありません。
 It wasn't my fault.

- 応急処置をお願いします。
 Please give me first aid.

- 背中がひどく痛い。
 I have a severe pain in my back.

- 足をひねったようです。
  I sprained my ankle.

- 頭を強く打ちました。
  I hit myself on the head badly.

- ここを火傷しました。
  I was burnt here.

- 気持ちが悪い。
  I feel sick.

- めまいがします。
  I feel dizzy.

- 警察を呼んでください。
  Please call the police.

- レンタカー会社に連絡してください。
  Could you call the rent-a-car company?

- 車のナンバーは5678です。
  The number is five-six-seven-eight.

- 病院に連れて行ってください。
  Could you take me to a hospital?

- 医者を呼んでください。
  Please call a doctor.

- この保険会社に電話していただけますか。
  Do you mind calling up this insurance company?

- 日本大使館に連絡した方がいいでしょうか。
  Should I notify the Japanese Embassy?

- 事故のことを私の家族に知らせてください。
  Please inform my family of my accident.

- 事故証明をいただけますか。
  May I have the certificate of accident?

II. 救急車：ambulance

　救急車には，病院・消防署・警察署の3種類があります。この内，消防署の救急車を公的な救急サービスとして利用するのが一般的です。民間の救急車は有料で，またチップも必要です。

　突然の激痛，ケガ，倒れた場合など，ただちに救急車を呼ばなければなりません。もしそこがホテルであれば，フロントに頼んで救急車を手配してもらえます。もし路上ならば，近くの誰かに助けを求めるか，また公衆電話があれば，ダイヤルを回します。

　アメリカやカナダの場合は911ですが，電話ボックスに「ambulance ・・・番」と表示してありますし，またあわてているときは，0を回して交換手を呼んで「Ambulance, please!」で十分です。

　イギリスは999，オーストラリアは000，シンガポールは999，ドイツは110/111です。フランスでは一般の救急車のほかに，391-5180を回すと SAMU という24時間の救急センターにつながります。警察から手配してもらう場合は17番です。フィリピンやタイでは，救急車は病院から手配してくれます。

- 救急車を呼んでください。
  Please call an ambulance.

- 助けて，救急車をお願いします。
  Help me! An ambulance, please.

- すぐ救急車が必要です。
  I need an ambulance immediately.

- 交換手! 誰かを呼んでください。救急車が必要です。
  Operator! Please get someone. I need an ambulance.

- 緊急です。救急車をお願いします。
  This is an emergency. An ambulance, please.

- すぐ医者に診てもらいたい。
  I would like to be seen by a doctor immediately.

- 一番近くの救急室へ連れて行ってください。
  Please take me to the nearest emergency room.

- どなたか病院まで連れて行ってくださる方を見つけていただけますか。
  Will you find someone to take me to the hospital?

[CD1-3]

3─病　気
Sickness

　もし外国で病気になった場合，直接病院に行っても診察が受けられません。また医薬分業なので，薬は医者の処方箋を付けて薬局で買わなければなりません。
　がまんできない痛みとか事故などの場合は，救急車を呼んだ方がものごとはスムーズに運びます。
　体に合わない薬がわかっている場合は，使用不可の薬名，また持病のある人は病名，その他，血液型，アレル

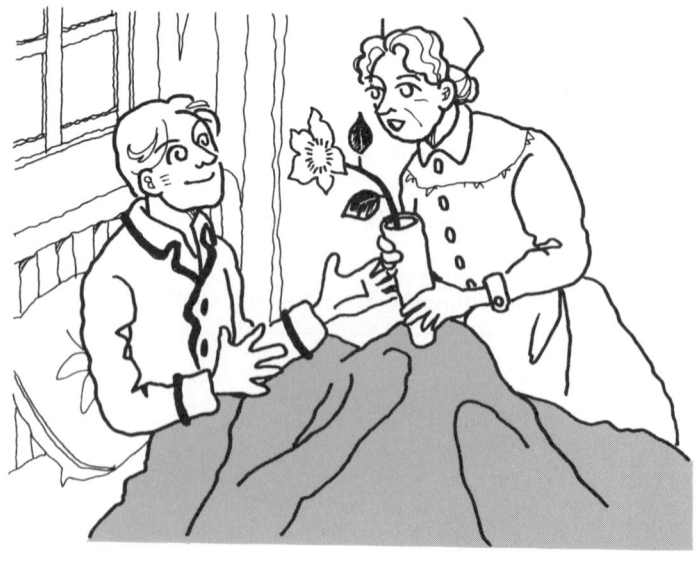

ギー，通常の血圧・血糖値などを英語で書き留めておくと便利です。もちろん名前・性別・生年月日・年齢・国籍・身長・体重・パスポート番号・家族の住所・家族の電話番号・緊急時の連絡先・滞在先などを記入した自分の救急メモを作って，携帯する必要があります。

　医療費も高いので，出国前に海外旅行傷害保険に入っておくと安心です。保険料の支払いを受ける時に，医師の診断書と治療費の領収書が必要です。医者にかかったら，必ず保険会社あるいは保険会社の代理店に連絡しておきましょう。

　医師の処方箋なしに薬は簡単に購入できないので，風邪薬・痛み止め・胃腸薬などの日常使う薬を持って行った方が安心です。

● 診断書をください。
May I have a medical certificate?

● 領収書をください。
Can I have a receipt?

★腹痛：stomach-ache

● お腹が痛い。
I have a stomach-ache.

- 腹部左側に我慢できないほどの痛みがあります。
  I have unbearable pain in the left part of my abdomen.

- 痛みがあったり，なくなったりします。
  The pain comes and goes.

- 痛むと吐きそうになります。
  I feel like throwing up when the pain comes.

- トイレに何回も行かねばなりませんし，また痛みもひどくなっていきます。
  I have to run to the bathroom so many times and the pain gets worse.

- 右下腹部が痛い。
  I have a pain in the lower right part of my abdomen.

- 胃けいれんのような痛みです。
  It's colicky pain.

- しめつけられるような痛みです。
  It's a squeezing type pain.

- 鋭い痛みが背中に伝わります。
  It's a sharp pain to the back.

- 鈍痛です。
  It's a dull pain.

- 痛みが食べたあとすぐ出ました。
  This pain came right after my meal.

- 痛みは酒を飲んだあとすぐ出ました。
  This pain came right after I had some drinks.

- 3年前に腸の切除を受けました。
  I had part of my bowel removed three years ago.

- 一晩中吐いていた。
  I've been vomiting through the night.

- 嘔吐が続いているので，薬は飲めません。
  I've been vomiting, so I can't take any medicine orally.

★下痢・便秘：diarrhea・constipation

- もう1週間便通がありません。
  I've been constipated for almost one week.

- 旅行中は便秘がちです。
  I usually get constipated when I travel.

- 下痢が続いています。
  I've been having diarrhea.

- 下痢と便秘が交互に起こっています。
  I've been alternately having diarrhea and constipation.

- 薬を飲んだのですが，下痢が止まりません。
  I took some medicine, but my diarrhea does not stop.

- 下痢止めを処方してください。
  Please prescribe something to stop my diarrhea.

★頭痛：headache

- 頭が痛い。
  I have a headache.

- 頭が割れそうに痛いのですが。
  I feel like my head is blowing up.

- 偏頭痛で気分が悪い。
  With a migraine headache, I feel like vomiting.

- 血圧があがると頭痛がひどい。
  I have a severe headache when my blood pressure goes up.

- 頭をぶつけてから頭が痛い。
  I bumped my head really hard and I started having this horrible headache.

●体の左半身がしびれた感じです。

I feel that the left side of my body is getting numb.

●約1年くらい同じような症状があったのですが、今回のは最悪です。

I've had similar symptoms for almost a year, but this one seems to be the worst.

●頭の左側だけが痛い。

This headache seems to be localized in the left side.

●痛み止めを飲んでもちっとも良くなりません。

I took some painkillers, but they are not helping me at all.

(★発熱：fever)

- ずっと高熱が出ています。
  I've been running a high fever.

- 高熱で寒くてしかたありません。
  With this high fever, I just can't keep myself warm.

- 寒気がしますし，熱があるかもしれません。
  I feel chilly and I might have a fever.

- 熱で食欲がなくなりました。
  Because of this fever, I've lost my appetite.

- 熱があがったりさがったりする。
  This fever has ups and downs.

- 薬を飲んでも熱がさがりません。
  I took some medicine, but the fever doesn't seem to go away.

- 脱水症状です。熱があるので食欲がまったくありません。
  I'm dehydrated. Since I have a fever, I don't have any appetite.

★咳・呼吸困難：cough, breathing difficulty

- 一晩中咳で眠れませんでした。
 This cough has been keeping me awake all through the night.

- 咳がひどく喉が痛みます。
 I have a severe cough and throat pain.

- 10日間くらい流感が続いて，咳が止まりませんでした。
 I've had the flu for about ten days and can't get rid of this cough.

- たんが止まりません。
 I can't get rid of the sputum.

- たんに血がまじっています。
 When I cough, I spit up some blood.

- から咳が続いています。
 I've had sort of a dry cough.

- 咳をするたびに右の胸が痛い。
 Each time I cough, I have severe pain in the right part of my chest.

- 入浴すると咳が出始める。
 I start coughing when I take a bath.

- 寒い外気に触れると咳が出始める。
  I start coughing when I get out in the cold weather.

- 鼻がつまって息ができない。
  My nose is plugged up and I just can't breathe.

- 喘息持ちなので，スプレーを使っていたのですが，咳が止まらない。
  I'm asthmatic. I've used the spray, but I can't stop coughing.

- 呼吸が苦しい。
  I'm having difficulty in breathing.

- 夜になると息苦しくなります。
  I've had difficulty breathing at night.

- 発作で息ができません。
  I'm having an attack and can't take a breath.

- ネオフィリンの注射をうってください。
  Please give me a shot of neophyllin.

★腰痛：back pain

- 腰痛のため動けません。
  I just cannot move because of the low back pain.

- 腰をひねりました。
  I twisted my back.

- 椎間板ヘルニアの手術をうけたことがあります。
  I'd been operated on for a herniated disk.

- 痛みが両足にひびきます。
  Pain radiates to both legs.

- 背中が伸ばせません。
  I can't straighten my back.

- 足がしびれた感じです。
  I feel numb in my leg.

★胸痛：chest pain

- すごく胸が痛い。
  I've severe chest pain.

- 刺されるように痛い。
  I've a stabbing pain.

- 胸が痛くて息ができません。
  I cannot take a breath because of the chest pain.

- しめつけられるような痛さです。
  I've a squeezing pain.

- 3年前に狭心症をやりました。
  I had angina three years ago.

- 5年前に心筋梗塞をやったのですが，その時の痛みと同じです。
  I had an infarction five years ago and the pain seems to be the same.

- ニトログリセリンを2錠飲みましたが，痛みがとれません。
  I took two nitroglycerin tablets, but the pain doesn't go away.

- この胸痛を軽くする薬を処方してください。
  Please prescribe something to relieve this pain in the chest.

★出血：hemorrhage, bleeding

- 夜中吐血しました。
  I've been throwing up all through the night and blood is comimg out.

- 今朝排便のあとで痔から出血し始めました。
  My hemorrhoids started bleeding this morning after a bowel movement.

- 胃潰瘍を患っていて，コーヒーのかすのようなものを吐きました。

I've had a peptic ulcer and I threw up material like coffee grounds.

●十二指腸潰瘍で痛いのですが，もし手術が必要ならば日本に戻ってから受けたいのですが。
I've pain in my stomach because of duodenal ulcer. If possible, I'd like to get back to Japan for surgery if needed.

●今朝鼻血が出始めて，まだ止まらない。
My nose started bleeding this morning and just doesn't stop.

●カミソリの刃で指を切ってしまい，出血がとまりません。
I touched the razor blade and cut my finger. The bleeding will not stop.

●頭をぶつけて出血しました。
I bumped my head and the bleeding started.

●ガラスの破片がまだ傷の中に入っていると思います。
I think a piece of glass is still in the wound.

●縫う必要がありますか。
Do I need to have stitches?

●抜糸はいつですか。
When should I come in for removal of the sutures?

> ★骨折：fracture

- 階段で転んだら手が腫れてしまいました。
  I fell down the stairs and my hands got swollen.

- 雪の上で滑って左足首をねじってしまいました。
  I fell in the snow and twisted my left ankle.

- この指をくじいてしまいました。
  I sprained this finger.

- 脚が折れているに違いありません。
  I must have broken my leg.

- スキーをやっていて右膝を捻挫したようです。
  While skiing I twisted my right knee.

★火傷：burn

- 熱湯をこぼしてしまいました。
  I spilled hot water on myself.

- 洋服に火がつき，皮膚にくっついてしまいました。
  My clothes caught on fire and got stuck to my skin.

- シャワーで熱いお湯を浴びてしまい，ヒリヒリ痛い。
  Real hot water came out while taking a shower and I feel burned.

- 日にあたり過ぎて顔が水膨れになってしまった。
  I stayed out in the sun too long and my face has swollen.

- 足にアイロンが落ちて，皮膚がむけてしまった。
  The iron fell on my foot and the skin came off.

- 火傷でできた水泡がかぶれているようです。
  The blisters from the burn look like they're infected.

★排尿困難：urinary difficulty

- 尿が出にくいのですが。
  I've trouble urinating.

- ●排尿の時に鋭い痛みがある。
  I've a sharp pain when I urinate.

- ●尿意はあるのですが，出ません。
  I've an urge to go, but the water doesn't come out.

- ●何度も尿意があり，トイレにかけこんでいます。
  I've trouble with frequency. I have to run back and forth.

- ●尿の中に血液があった。
  I noticed some blood in my urine.

- ●糖尿病を患っています。
  I've been diabetic.

- ●ネフローゼをやったことがあります。
  I've a history of nephrosis.

- ●腎臓結石を患ったことがある。
  I suffered from kidney stones.

★アレルギー反応：allergic reaction

- ●体中にかゆみがある。
  I'm itching all over.

- カニを食べたら発疹が出た。
  I started breaking out after eating crab.

- 抗生物質にアレルギーがある。
  I'm allergic to antibiotics.

- この薬を飲んだらじんましんが出た。
  I broke out in hives after taking this medicine.

- 私は合成繊維にアレルギーがあります。
  I'm allergic to synthetic fibers.

- このかゆみが止まるように処方してください。
  Please prescribe something to stop this itching.

★異物：foreign body

- コンタクトレンズをはずさないで眠ってしまいました。目がかすんでいます。
  While sleeping I was wearing contact lenses and my vision is blurred.

- 何かが目に入ったようで開けられません。
  Something got in my eyes and I can't open them.

- 魚の骨が喉にささったようだ。
  I've a fish bone stuck in my throat.

- うっかり入れ歯をのみこんでしまいました。
  I accidentally swallowed my false teeth.

- 気管に何かが入っている。
  I got something in my windpipe.

- どうぞ取り除いてください。
  Please remove it.

- 右耳がつまってしまった。
  My right ear is plugged.

- 虫のようなものが左の耳に入ったようです。
  Some kind of insect got into my left ear.

★神経症：anxiety

- とても神経が高ぶって眠れません。
  I've been quite nervous and I have difficulty sleeping.

- 眠っても30分もすると起きてしまいます。
  I can get to sleep, but I wake up after thirty minutes.

- とても緊張していてリラックスできません。
  I've been really tense and can't relax at all.

- 何か睡眠薬を処方してください。
  Please prescribe some sleeping pills.

- 何か気が落ち着く薬をください。
  Please prescribe some medicine to calm me down.

★意識消失：loss of consciousness

- 彼に呼び掛けても返事がありません。
  He doesn't respond.

- 彼女は突然意識を失った。
  She suddenly became unconscious.

- 彼はてんかん持ちです。
  He is an epileptic.

- 彼女は昏睡状態です。
  She is in a state of coma.

- 彼は突然失神した。
  He suddenly passed out.

- 眠入る前に,痙攣発作を起こした。
  He went into seizures before he fell asleep.

- 約15分前に意識がなくなった。
  He became unconscious about fifteen minutes ago.

- 私と口論した後,彼女は部屋で倒れてしまいました。
  She fell in the room after having an argument with me.

★歯痛：toothache

　欧米の場合,歯科医が専門化されていて,抜歯だけ,矯正だけ,奥歯の治療だけなど大変不便です。

　緊急の場合は,ホテルのフロントに頼むか,0を回して電話交換手に歯痛を訴えて,助けを求めるか,あるいは電話帳の職業欄の歯科医の箇所を見て探すのもよい方法でしょう。

- 歯が痛くて眠れなかった。
  I couldn't get any sleep with my toothache.

- すごく歯が痛いので何とかしていただきたい。
  I've horrible toothache and I'd like to get relief.

- 歯肉が腫れて痛い。
  My gum is swollen and I have a toothache.

- 歯ぐきが痛い。
  I've sore gums.

- 虫歯になっている奥歯が痛くなりました。
  My decayed molar started acting up.

- 前歯のブリッジがぐらぐらになりました。
  The bridge in my front teeth became unstable.

- 奥歯の詰めたものがとれてしまいました。
  The filling in my molar fell out.

- 仮の歯がとれてしまいました。
  I had a temporary tooth and it came out.

- 帰国まであと3日何とか持つように鎮静剤を処方してください。
  Please prescribe some analgesics to let me last for three more days before getting home.

- なるべくこの歯は生かしてください。
  Please try to save this tooth.

★薬：medicine

欧米では医薬分業なので，アスピリンやビタミン剤を除いては，医師の処方箋がないと薬は買えません。pharmacy か drugstore あるいは chemist's shop（英）で買えます。

● この処方箋の薬を調合してくださいませんか。
Could you fill this prescription for me?

● 鎮痛剤をください。
May I have some painkillers?

● 風邪薬をください。
Please give me some cold medicine.

● アスピリンをください。
I'd like some aspirin.

● 総合ビタミン剤がほしい。
I'd like some multiple vitamin pills.

● 二日酔いの薬がありますか。
Do you have any medicine for a hangover?

● 消化不良の薬がありますか。
Do you have any medicine for indigestion?

● 唇の荒れに軟膏がありますか。
Do you have any ointment for chapped lips?

- 手の荒れに軟膏がありますか。
  Do you have any salve for chapped hands?

- 薬は何時間おきに飲むのですか。
  How often do I have to take the medicine?

- 包帯をください。
  I want some bandages.

- 絆創膏をください。
  I want some Band Aids.

4—飛行機の中で
In the Airplane

　乗務員や乗客との会話を身につけておくと便利です。ただし，日本からの便では，外国の航空会社でも日本語を話す乗務員が乗っていることが多いです。狭い機内での長旅です。不平・不満のまま過ごすのではなく，快適な長旅が一番です。また隣席や前後の席に座っている人も日本人とは限りません。

　機内での会話は，主にフライトアテンダントと行われます。食事，飲み物，読み物，イヤホーン等の注文や免税品の買い物などがあります。

- 搭乗券をなくしました。
 I lost my boarding pass.

- 私の席まで案内してもらえませんか。
 Show me where my seat is, please.

- もっとコーヒーをいただけますか。
 May I have some more coffee?

- もう一杯水割りをもらえますか。
 May I have another scotch and water, please?

- 日本の雑誌を貸してもらえますか。
 Can I get a Japanese magazine?

- 毛布と枕を貸してもらえますか。
 May I have a blanket and pillow?

- イヤホーンをください。
 Please give me a headset.

- イヤホーンの調子が悪いのですが。
 This headset is not working well.

- 機内で免税品を売っていますか。
 Are you selling any duty-free goods on board?

- 支払いは日本円でもいいですか。
 Can I pay in Japanese yen?

- 乗っている時間はどれくらいですか。
  How long is the flight?

- ロンドン到着は何時頃ですか。
  When do we arrive in London?

- あとどのくらいでパリに着きますか。
  How much longer does it take to get to Paris?

- このシートはどうやって倒すのですか。
  How should I recline my seat?

- シートを倒してもいいですか。
  May I recline my seat?

- ちょっと通してください。
  May I go through?

- 入国カードをください。
  Will you give me a copy of the landing card?

- 入国カードの記入を手伝ってもらえますか。
  Excuse me, can you help me fill out this landing card?

また座席を換えてもらったり，気分が悪くなったりした場合もフライトアテンダントに相談するといいでしょう。機内に薬も用意されていますので，症状に合った薬を選んでくれます。そのとき，お礼を言うのを忘れないでください。

● あそこの窓側の座席が空いているようなので，替えてもいいですか。
Can I change my seat to the window seat over there? No one seems to be sitting there.

● あそこの妻の隣の席に替わってもいいですか。
Can I change my seat to be next to my wife over there?

● タバコを吸いたいので，席を替えてもいいですか。
Since I want to smoke, may I change my seat to the smoking section?

● 荷物をここに置いていいですか。
Can I put my baggage here?

● トイレはどこですか。
Where is the rest room?

● 後方のトイレがふさがっているので，他のトイレはありますか。
Since the toilets in the rear are occupied, are there any other toilets?

● トイレが空いたら教えてください。
Please let me know when the toilet is vacant.

● 気分が悪い。
I don't feel well.

● 酔ったようです。
I'm airsick.

● 吐きそうなので，嘔吐袋をください。
I feel like throwing up. May I have an airsickness bag?

● 寒気がする。
I feel chilly.

● 腰が痛い。
I have a backache.

● 歯が痛い。
I have a toothache.

● 心臓が苦しい。
I have a pain in my chest.

● 水を一杯いただけますか。
Would you give me a glass of water?

● 薬をもらえますか。
Can I get some medicine?

● 酔い止めの薬はありますか。
Do you have any medicine for airsickness?

● 気分が悪いので、シートベルトをゆるめてください。
I'm not feeling well. Please loosen my seat belt.

● 暑いのですが。
I feel hot.

5―入国
Entry

1. 入国審査

　目的地の空港に着いたら，「Arrival」「Entry」「To the City」の表示に従って進んで行くと，「Immigration」あるいは「Passport Control」と書かれた入国審査のカウンターに着きます。非居住者「Non-Residents」の列に並び，自分の順番が来るまで決められた線の後ろで待ちます。順番が来たら，審査官にパスポート（ビザ），機内で記入しておいた入国カードを提示します。質問されることは大体決まっていますが，滞在日数，宿泊先，入国目的，職業，所持金などが聞かれます。

● 入国審査はどこですか。
Where is immigration?

● パスポートを見せてください。　　　これです。
May I see your passport?　　　　　Here it is.

● 入国の目的は何ですか。
What's the purpose of your visit?
　商用です。
　I'm on business.
　観光です。
　Sightseeing.
　英語の勉強に来ました。
　I've come here to study English.
　主に仕事ですが，観光も少し。
　Mostly business and a little sightseeing.
　会議に出席のためです。
　I'm here to attend a conference.

● 何日滞在しますか。
How long are you going to stay here?
　2週間です。
　Two weeks.
　8日くらいの予定です。
　I plan to stay for about eight days.
　乗り継ぎするだけです。
　I'm just passing through.

今晩の飛行機でアムステルダムへ行きます。
I'm leaving for Amsterdam tonight.

● どこに滞在しますか。
Where are you going to stay?
　チューリッヒのキャンドルホテルに泊まります。
　I'm going to stay at the Candle Hotel in Zurich.
　友人の家に泊まる予定です。
　I'll stay at my friend's house.
　すみません。まだ決めていません。
　I'm sorry. I haven't decided yet.

● 仕事は何ですか。
What's your occupation?
　学生です。　　　　　　　　ビジネスマンです。
　I'm a student.　　　　　　Businessman.

● 帰国の航空券はありますか。
Do you have a return ticket to your country?
　はい，これです。
　Yes, here it is.

● お金はいくら持っていますか。
How much money do you have with you?
　300ドルのトラベラーズチェックと日本円が8万円です。
　I have three hundred dollars in traveler's checks and eighty thousand in Japanese yen.

II. 税　　関：Customs

　入国審査が終わったら，飛行機に預けた荷物を受け取るために「baggage claim」の表示に従って進みます。乗って来た飛行機の便名と flight number の表示が出ているターンテーブルのところへ行き，各自で荷物をターンテーブルから降ろし，税関 customs の検査台まで運び，係官に税関申告書を提出し，荷物の検査を受けます。国によっては，現金や酒類，タバコなど持ち込み制限があります。また，肉類，果物，酪農製品，動植物，粉ミルクなど持ち込みが禁止されています。

●荷物引渡し所はどこですか。
Where is the baggage claim area?

●手荷物はどこで受け取れますか。
Where can I get my baggage?

●パスポートと税関申告書を見せてください。
Can I see your passport and customs declaration card?

●何か申告するものがありますか。
Do you have anything to declare?
　　いいえ，特にありません。
　　No, nothing that I know of.
　　いいえ，全部身の回り品です。
　　No, I have only my personal belongings.

友人へのおみやげです。
There are gifts for my friends.
衣類とおみやげです。
Just my clothing and gifts.
これらは日本へ持ち帰るみやげです。
These are souvenirs that I'm taking back to Japan.
貴金属類はありません。
I don't have any jewelry.
日本では3万円くらいでした。
I paid about thirty thousand yen in Japan.
これらを申告します。
I want to declare these things.
このビデオは私が使っているものです。
This video camera is for my personal use.

- 酒類やタバコ、葉巻などを持っていますか。
  Do you have any liquor, cigarettes or tobacco?
    ウイスキーとワインを1本ずつ、タバコ2カートンを持っています。
    Yes, I have one bottle of whisky, one bottle of wine, and two packages of cigarettes.

- これは課税となります。
  You'll have to pay duty on this.

- 植物・肉類は持ち込み禁止品です。
  Plants and meats are prohibited articles.

●バッグを開けてください。
Would you open your bag?

●ほかに荷物はありますか。
Do you have any other baggage?

●結構です。この申告書を出口の係官に渡してください。
Okay. Please give this declaration card to that officer at the exit.

★**荷物紛失の場合**は，まず荷物引渡し所で利用航空会社の係員に，荷物受取り証明書（claim tag）と航空券を提示して，手荷物事故報告書（property irregularity report: PIR）を作成してもらいます。その際に，荷物の色や特徴，中身，そして滞在期間，日程，宿泊先，連絡先も聞かれます。荷物は見つかりしだい，宿泊先まで届けてくれます。

　荷物が発見されない場合は，帰国後，利用航空会社に補償をしてもらいます。補償額はエコノミークラスでUS400ドルが限度ですが，傷害保険で不足分が補えます。

★**荷物が壊れていた場合**は，紛失と同様に手荷物事故報告書（PIR）を作成してもらい，修理代を請求できます。また航空会社の方が修理不可と認めた場合は，同種のものを購入して，代金を請求することができます。荷物がレンタルの場合は，PIR をつけて荷物を返せば修理する必要はありません。

6 — 空港にて
Transit

1. 乗換え：transit

　飛行機を乗り換える場合，降りた所で Transit Pass（通過券）をもらって，「Transit Passengers」の表示に沿って進みます。乗り継ぎカウンターで改めて搭乗手続きを行います。ゲート番号を確認して待ちます。

　乗って来た飛行機が遅れて，乗換え便との接続ができなくなる場合もあります。その時は，乗って来た飛行機

会社の地上係員に相談するとよいでしょう。まず目的地で人と会う約束がある場合，飛行機会社の電話を使わせてもらうこと。また宿泊が必要なときは，係員に手配してもらうこと。両方とも，飛行機会社が支払ってくれます。手荷物受取証を見せて，荷物の取扱いについても確認しておくことです。

　乗って来た飛行機会社では問題が解決しない場合は，乗り換える予定だった飛行機会社の係員に交渉してみましょう。

● スチュワーデスさん，何て言ったんですか。
Excuse me, Miss. What did the announcement say?
　天候不良のため，1時間半ほど遅れるということです。
　We'll be delayed for one hour and a half, because of the bad weather.
それでは，乗り継ぎ便に間に合わなくなります。
Oh, no! We'll miss the connecting flight.
　そうですか。ご迷惑をおかけして申し訳ありません。
　That's too bad. We're very sorry to cause you trouble.
私はマドリッドへの乗り継ぎ客で，今日中にマドリッドに着かなくてはならないのです。
I'm a transit passenger to Madrid, so I really have to get to Madrid by tonight.

- ヨーロッパ航空の乗り継ぎカウンターはどこですか。
  How can I get to the connecting flight counter of European Airlines?

- 搭乗手続きはどこでするのですか。
  Where can I check in?

- ローマへの乗り継ぎ便に乗るにはどこに行けばいいのですか。
  Where shall I proceed to change for a connecting flight to Rome?

- 乗り継ぎ便に間に合わなかったので、代替便を見つけてください。
  I missed the connecting flight. Would you please try to find any other available flight?

- ローマの空港に迎えに来てくれる友人に、到着便の変更を電話で知らせたいんですが。
  I'd like to make a phone call to let my friend, who is going to wait for me at the airport in Rome, know that my arrival will be delayed.

- 飛行機が遅れて、乗り継ぎ便に間に合わなかったので、今晩の宿泊代と食事代は払ってくれますか。
  Since my plane was delayed, I missed the connecting flight. Do you pay for tonight's accommodation and meals?

II. 両　　替：exchange

　目的地に着いたら，なるべく早い機会に，両替所で両替をしておくと便利です。市内の銀行や両替所よりも空港や列車の駅などにある両替所の方が遅くまで開いています。

　ポーターやタクシーの運転手にチップをあげる必要から，両替はしておかなければなりません。日本円でも簡単に両替できます。トラベラーズ・チェックを現金にするときは，パスポートが必要です。

●両替はどこでできますか。
Where can I change money?

●両替所はどこですか。
Where is the change booth?

●この近くに銀行はありますか。
Is there a bank near here?

●銀行は何時に閉まりますか。
What time does the bank close?

●日本円をカナダ・ドルにしていただけますか。
Can you change Japanese yen into Canadian dollars?

●今日の為替レートはいくらですか。
What's the exchange rate today?

- トラベラーズ・チェックを扱っていますか。
  Do you accept traveler's checks?

- トラベラーズ・チェックを現金にしたい。
  I'd like to change my traveler's check for cash.

- 10ドルをこまかくしてもらえませんか。
  Can you give me change for ten dollars?

III. 観光案内所：Tourist Information

　空港の到着ロビーに空港から市内への行き方，ホテル，観光ガイド，レンターカー，タクシー料金，バス，地下鉄，電車，市内地図などの情報を提供してくれる観光案内所「Tourist Information」があります。利用すると便利です。

- 観光案内所はどこにありますか。
  Where is the tourist information?

- 市内への行き方を教えてください。
  How can I get to downtown?

- 市内へ行く地下鉄がありますか。
  Is there a subway to downtown?

- タクシー乗り場がどこだか教えてください。
  Could you tell me where the taxi stand is?

- 市内へ行くバスはいくらですか。
  How much does it cost to go downtown by bus?

- 市内までタクシーはいくらくらいかかりますか。
  How much does it cost to go downtown by taxi?

- シェラトン・ホテルへ行くリムジンの乗り場はどこですか。
  Where can we get the limousine bus for the Sheraton Hotel?

- 市内観光バスの切符はどこで買えますか。
  Where can we buy tickets for a tour of the city?

- 今晩泊まるホテルを探しているんですが。
  I need a room for tonight.

- ここでホテルの予約ができますか。
  Can we reserve a hotel here?

- 市内地図をもらえますか。
  May I have a city map?

- ポーターを呼んでください。
  Please get me a porter.

- この荷物をタクシー乗り場まで持って行ってください。
  Will you take this baggage to the taxi stand?

- いくらですか。おつりはとっておいてください。
  How much is it? You can keep the change.

- 荷物を運ぶカートはどこにありますか。
  Where are the baggage carts?

Ⅳ. 空港から宿泊先へ：airport to hotel

入国手続きが終わり，荷物を持って，空港ビルを出ます。宿泊先に向かいますが，乗り物としては，地下鉄，電車，タクシー，空港と市内あるいは主要ホテルとを直接結ぶ専用バスがあります。

★タクシー：taxi

タクシーの運転手にメーター料金の15％から20％のチップが普通ですが，荷物が多かったり，トランクに荷物をいれてもらったり，急がせたり，待たせたりしたときは，特別チップをはずんだ方がよいでしょう。

●タクシー乗り場はどこですか。
Where is the taxi stand?

●タクシーを呼んでください。
Can you get me a taxi?

●ホワイト・ホテルまで行ってください。
To White Hotel, please.

●北87の42番通りまでお願いします。
Please take me to Eighty-Seven North Forty Second Street.

●ここに行ってください。
Please take me to this address.

- このホテルまで20ドルで行けますか。
  Will twenty dollars be enough to go to this hotel?

- 街の中心まで何分くらいかかりますか。
  How long does it take to go downtown?

- 30分以内で駅まで連れて行ってもらえますか。
  Could you get me to the station within half an hour?

- 荷物をトランクの中に入れてもらえますか。
  Can you put the baggage in the trunk?

- 遅れたので急いでください。
  Please hurry. I'm late.

- ここで止めてください。
  Please stop here.

- いくらですか。
  How much is the fare?

- チップです。
  This is for you!

- ありがとう。おつりは取っておいてください。
  Thank you. Keep the change!

★バス：bus

　安上がりで便利なのがバスです。市内や近郊の主要ホテルを直接結んで運行されています。行き先をよく確かめたうえで，乗る時に目的のホテルをバスの運転手に告げておくとよいでしょう。

●市内に行くバスはどれですか。
Which bus goes downtown?

●市内に行くリムジンバスの乗り場はどこですか。
Where is the limousine bus going downtown?

●ホワイト・ホテルの近くを通りますか。
Do you go by the White Hotel?

●ホワイト・ホテルに止まりますか。
Do you stop at the White Hotel?

●切符はどこで買うのですか。
Where can I get a ticket?

●時間はどれくらいかかりますか。
How long does it take to get there?

●着いたら教えてください。
Could you tell me when we get there?

★自動車：car

　出発前に，日本で車を予約することもできます。代理店を通して予約できますが，現地の自動車会社の電話番号と予約確認書を忘れずにもらっておくようにしましょう。そして，出発前に予約と待ち合わせ場所の確認のため，予約をした現地の自動車会社に電話をしておいた方がよいでしょう。また念のために，自分の乗る飛行機便名，到着時間も伝えておきましょう。

● 今東京から着いたばかりですが，予約してある車がみつかりません。

We can't find the reserved car from your company. We've just arrived from Tokyo.

● お宅の車をずっと探しているんですがみつかりません。

We've been looking for the reserved car from your company all over, but we can't find it.

● 予約番号は IN の9866です。

My reservation number is IN-nine-eight-double six.

● 車の手配はしてないんですね。

You haven't arranged any car yet, have you?

● しかたがないのでタクシーで行きますが，返金はどのようにしてくれますか。

Too bad. We have to take a taxi instead. How do you refund us?

7 ─ ホテルにて
At a Hotel

1. ホテルの予約：reservation

　出発前に旅行代理店を通じて予約をするのが無難ですが，現地到着後でも空港や駅にある「travel agency」や「tourist information」でも予約を扱ってくれます。また直接ホテルに出向いて予約もできますし，電話一本でも可能です。料金だけで決定するのは危険です。安いと，場所や治安が悪かったりします。

　予約は事前に確認しておいた方が安心です。必ず前の滞在地から予約の確認の電話を入れておきましょう。

- 今晩のホテルを予約したいのですが。
  I'd like to reserve a hotel room for tonight.

- 中くらいのホテルを紹介してください。
  Can you recommend a hotel which is medium priced?

- 一泊80ドル以下のホテルがありますか。
  Is there a hotel which costs under eighty dollars a night?

- あまり高くないホテルがあったら教えてください。
  Could you tell us a hotel which is not too expensive?

- もっと安いホテルはありませんか。
  Is there any other hotel which is less expensive?

- 今ヒースロー空港から電話をしているんですが、今晩空室がありますか。
  I'm phoning from Heathrow Airport. Do you have a room for tonight?

- 2人用の部屋を3晩予約したいのですが。
  I'd like a twin room for three nights.

- 空港に近いホテルがいいのですが。
  I'd like to stay at a hotel near the airport.

- 一晩いくらですか。
  How much is the room charge per night?

- 朝食はついていますか。
  Is breakfast included?

- 税金とサービス料は含まれていますか。
  Does it include tax and service charge?

- 明日の夜,風呂付きの部屋を山田の名前で予約してあるはずですが,確認していただけますか。
  I made a reservation for a room with a bath for tomorrow night in the name of Yamada. Can you confirm it?

- 予約がないんですか。それでは空室がありますか。
  No reservation? Do you have any rooms available?

- 満室なんですか。ではお宅の近くに同じようなクラスのホテルがあったら紹介していただけますか。
  Are all the rooms fully booked? In that case, is there a similar class hotel near here?

- そのホテルへの道順を教えてください。
  How can I get to that hotel?

II. チェックイン：check-in

チェックインの時間前に着いた場合，荷物だけフロントに預けて出かけたり，あるいは待つことができます。また逆に，到着が午後6時を過ぎると予約が取り消される場合があるので，前もって到着時刻をホテルに知らせておいた方がよいでしょう。

ホテルのフロントで予約を確認し，カードに生年月日，氏名，国籍，住所，パスポート番号などを記入します。チェックアウトの時間を確かめてから鍵を受け取ります。

●チェックインしたいのですが。
I'd like to check in.

●山田の名前で，東京で予約をしました。
I made a reservation in the name of Yamada in Tokyo.

●これが予約の確認証です。
Here's my confirmation slip.

●新婚用のスイートを予約してあります。
I've reserved the bridal suite.

●静かな部屋をお願いします。
I'd like a quiet room.

●海の見える部屋をお願いします。
I'd like a room with an ocean view.

- 部屋を見せてください。
  May I see the room?

- テレビはありますか。
  Is there a TV set?

- このクレジット・カードは使えますか。
  Do you accept this credit card?

- チェックアウトの時間は何時ですか。
  When is the check-out time?

III. フロントにて：front desk

　ホテル内の施設や設備，パソコンの使用可，サービス内容，街のことなどをチェックイン時にフロントに確認しておきます。予約や苦情，問い合わせ，伝言，貴重品，鍵を預かったり，手紙の投函，電報のとり次ぎ，市内見物，劇場の入場券の手配など，フロントに頼めば手配してくれます。

★問い合わせ：information

- 朝食と夕食はついていますか。
  Are breakfast and dinner included?

- 朝食はどこでするのですか。
  Where can I have breakfast?

- 朝食は何時ですか。
  What time can I have breakfast?

- 美容院はありますか。
  Is there a beauty salon?

- 預けた荷物をもらいたいのですが。
  May I have my baggage back?

- 貴重品を預かってください。
  I'd like to check my valuables.

- このホテルの住所が書かれているカードをください。
  Can I have a card with this hotel's address?

- ここで観光バスの切符が買えますか。
  Can I get a ticket for the sightseeing bus here?

- 明日の市内ツアーを予約していただけますか。
  Could you make reservations for tomorrow's city tour for us?

- ファックスがありますか。
  Do you have a fax machine?

- 私あての伝言がありますか。
  Are there any messages for me?

- 私に郵便物が来ていますか。
  Are there any letters for me?

- 部屋にパソコン用の回線がありますか。
  Do you have a computer hook up in the room?

- パソコン用の回線はビジネスセンターにあります。
  We have hook ups in our business center.

- この手紙を航空便で出してください。
  Will you send this letter by air mail?

- この荷物を梱包してもらえますか。
  Could you pack this parcel for me?

- ここからタクシーを呼べますか。
  Can I order a taxi from here?

★苦情：complaint

- お隣の部屋がうるさいのですが。
  The room next door is noisy.

- 部屋が寒いんですが。
  This room is very cold.

- 部屋を替えてもらいたいのですが。
  Could you give me a different room?

- ドライヤーの具合が悪いのですが。
  There is something wrong with the drier.

- 暖房が壊れています。
  The heating doesn't work.

- お湯が出ません。
  There's no hot water.

- お湯がぬるいのですが。
  The water is not hot enough.

- 風呂の栓がしまらないのですが。
  I can't plug the drain in the bathtub.

- トイレがつまったようです。
  The toilet doesn't flush.

- お湯の蛇口が壊れたようです。
  The faucet for the hot water seems to be broken.

- 毛布を持って来てください。
  Please bring me a blanket.

- シャンプーとリンスを持って来てください。
  Please bring me shampoo and hair conditioner.

- 部屋にタオルがありません。
  There are no towels in the bathroom.

- 部屋を掃除してもらえますか。
  Can you clean up the room?

- ベッドをきれいにしてもらえますか。
  Could you fix up my bed?

- 部屋に鍵を置き忘れてしまいました。
  I left my room key inside.

- 部屋がこのカードキイでは開けられません。
  I've a hard time opening the door with this card key.

- 締め出されました。
  I'm locked out.

- 部屋の鍵をなくしてしまった。
  I lost the room key.

- 私の荷物がまだ着いていません。
  My suitcase hasn't come yet.

- やってみましたが、パソコンがつながりません。
  I tried, but I can't get on line with my computer.

IV. 部屋にて：in the room

　チェックインが済むと，フロントの係員はベルボーイを呼び，部屋の鍵を渡します。ベルボーイは荷物を持って，部屋まで案内してくれます。部屋に着くと各種設備の説明や，疑問にも答えてくれます。チップは，スーツケース1個につき50セント，大きいスーツケースの場合は1ドル払う必要があります。

★ルームサービス・ヴァレーサービス： room service・valet service

　部屋で食べたり，飲んだり，また洗濯物を頼むときは，ルームサービスやヴァレーサービスに電話をかけて利用することができます。費用は，チェックアウトのときの料金に含まれていますが，ベルボーイには1ドルくらいチップを払う必要があります。

- 2772号室ですが，ルームサービスをお願いします。
  Room service, please. I'm in room number twenty-seven seventy-two.

- ウイスキーをボトルで，それからグラス2，3個，水と氷を持って来てください。
  Could I get a bottle of whisky, some glasses, water, and ice sent up?

- 煮沸したお湯が欲しいのですが。
  I'd like a pot of boiled water.

- 紅茶をポットで，それから紅茶の茶碗を3個持って来てください。
  I'd like a pot of tea and three cups brought up to my room, please.

- 朝食を8時に持ってくるようにお願いしましたが，まだですか。
  I ordered breakfast for eight o'clock, but it hasn't come yet.

- 朝刊を持って来てください。
  Please bring me the morning paper.

- これを洗濯していただきたいのですが。
  I'd like to have this laundry done.

- このズボンにプレスをお願いします。
  I want to have these pants pressed.

7. ホテルにて

- このボタンがとれたので，つけてもらえますか。
  This button came off. Can you sew it on, please?

- このドレスを明日のチェックアウトの時間までにお願いいたします。
  I'd like this dress by check-out time tomorrow.

- ネクタイのしみをとってもらえませんか。
  Can you get this stain out of my tie?

- いつできますか。
  When will it be ready?

- この洗濯物をなんとか今日中に仕上げてもらえますか。
  Can I get this laundry done today by any chance?

- 洗濯物が戻らないのですが。
  The laundry is not ready yet.

> ★部屋からの電話：telephone from a room

　最近は自動のモーニングコールもありますが、ない場合や自動式のモーニングコールの操作がわからないときはフロントに聞くとよいでしょう。部屋に入って、電話に赤ランプが点滅していたら、フロントに自分宛てのメッセージが入っているかどうか確認しましょう。

　また自分の部屋から直接ダイヤルを回して市内電話・国際電話ができます。またホテルの電話交換手を呼び出して、電話番号を問い合わせることもできます。電話料金はチェックアウトのとき、勘定書に記入されます。

● モーニングコールをお願いします。
　I'd like a wake-up call, please.

● 6時にモーニングコールをセットしたいのですが、やり方を教えてください。
　I want to set a wake-up call for six o'clock. Could you tell me how to use this?

● こちら231号室ですが、赤ランプがついています。誰かからメッセージが入っていますか。
　This is room two thirty-one. The red light is flashing, so is there a message?

● メッセージを部屋まで届けていただけますか。
　Will you deliver my message to my room?

● すぐにメッセージを取りに行きます。
　I'm coming down in a minute to pick up my message.

---

7. ホテルにて

- ミシガン州のランシングにコレクトコールしたいのですが，電話番号がわかりません。グレンブルック通り37番地のパトリック・ブライヤンです。

  I'd like to make a collect call to Lansing, Michigan, but I don't know the number. It's Patrick Bryan, thirty-seven Glenbrook Avenue.

- 日本の東京に長距離電話をお願いします。指名通話です。相手は，伊藤典子で，電話番号は，03の3200-4915です。

  I'd like to make a long distance call to Tokyo, Japan. Person-to-person. Her name is Noriko Itoh. Her phone number is oh-three, three-two-double oh four-nine-one-five.

- レベッカ・ヤングという人の電話番号を調べているのですが，確か彼女はサニーサイド・サークルに住んでいると思います。

  I'm trying to locate the number of a Ms. Rebecca Young. I believe she lives on Sunny Side Circle.

V. 会計カウンターにて：cashier

　トラベラーズ・チェックを現金にしたり，円をドルやポンド，ユーロなどに替えたり，小銭の両替などを行います。パスポートや部屋番号などの提示を求められることがあります。

　また，宿泊料金の精算，チェックアウトをここで行います。貴重品や現金などが入っているセーフティボックスもここで管理しています。

★両替：exchange

● 円をドルに替えたいのですが。
I'd like to exchange some yen for dollars, please.

● トラベラーズ・チェックを現金にしてもらえますか。
Can I cash a traveler's check?

● この小切手を現金にしたい。
I'd like to cash this check.

● この50ドルをくずしていただけますか。
Can you break this fifty dollar bill?

● 10ドル札を2枚，5ドル札4枚，1ドル札5枚と25セント硬貨各1個，残りは10セント硬貨と5セント硬貨をお願いします。
I'd like two ten, four fives, five ones, one quarter, and the rest in dimes and pennies, please.

VI. チェックアウト：check-out

　部屋の鍵をフロントに渡し，会計カウンターで宿泊料金の精算をします。チェックアウトの時間が過ぎると追加料金がとられます。

　また早朝出発の場合は，前日の夜にチェックアウトを済ませておくこともできます。最近は，宿泊料金の自動支払機が設置されているところも多く，急いでいるときは便利です。部屋番号を押し，クレジット・カードを挿入すると自動的にカードから宿泊料金が引き出されることになります。自分で荷物を運び出せないときは，ボーイ長に電話をして，ボーイに来てもらいます。早朝出発の時は，前夜頼んでおいた方がよいでしょう。空港や駅までのタクシーの手配や空港バスの時刻調べ，予約なども前日にやっておくと，チェックアウトのときにあわてずに済みます。

● チェックアウトの時間は何時ですか。
　When is check-out time?

● 明日7時に出発する予定ですが，明朝荷物をロビーまで降ろしてほしいのですが。
　I'm leaving at seven tomorrow morning. Could you bring my baggage down to the lobby tomorrow morning?

- 荷物が4個ありますが，6時半までにドアの外に出しておきます。
  I've four pieces of baggage. I'll leave them outside my room by six-thirty tomorrow morning.

- ボーイをよこして荷物を運んでください。
  Please send someone to bring down my baggage.

- 明朝早く発ちますので，勘定書を用意しておいてください。
  I'm leaving early tomorrow morning. Please have my bill ready.

- チェックアウトをお願いします。
  I'd like to check out.

- 会計をお願いします。
  Would you get my bill ready?

- 合計額にサービス料は含まれていますか。
  Does this amount include the service charge?

- 計算違いがあるようですが。
  I think there is a mistake in this bill.

- このニューヨークへの電話は，相手が出なかったのですが。
  This phone call to New York, no one answered.

- 請求書に書いてあるシャンペンは飲んでいません。
  I didn't have the champagne on this bill.

- ミニバーからワイン1本とトマトジュース2罐を飲みました。

  I had a bottle of wine and two cans of tomato juice in the mini-bar.

- ルームサービス代は，私の部屋でボーイに支払いました。

  I paid for room service to the bellboy in my room.

- この洗濯物は，時間がかかるとのことで，結局やめたのですが。

  This laundry might take long, so I gave it up.

- このクレジット・カードでいいですか。

  Can I pay with this credit card?

- トラベラーズ・チェックは使えますか。
  Do you accept traveler's checks?

- 預けた貴重品を出したいのですが。
  I'd like my valuables back.

- この荷物を7時まで預かってもらえますか。
  Could you keep my baggage until seven?

- 部屋に忘れ物をしました。
  I left something in my room.

- 私に手紙が来たら，この住所に転送していただけますか。
  If there are some letters for me, will you send them to this forwarding address?

- できればこの部屋に引き続きもう一泊したいのですが。
  I'd like to stay one more night, if that's possible.

- 予定より1日早く発ちたいのですが。
  I'd like to leave one day earlier.

- 空港までタクシーで時間がどれくらいかかりますか。
  How long does it take to go to the airport by taxi?

- 空港への直通バスの時刻表を見せてください。
  Will you show me the timetable for the airport shuttle bus?

8─市内にて
In a Town

1. 観光案内所：Tourist Information Office

　市内に関する情報は、ホテルのインフォメーションあるいはフロントか、市内にある観光案内所に尋ねるのが一番です。市内地図や交通機関の路線図、観光ツアー、レストランガイド、その他芝居やコンサートなどの情報なども入手できます。

★市内案内：city

- この町の観光案内の資料がありますか。
  Do you have a sightseeing brochure for this town?

- この町の地図がありますか。
  Can I have a free city map?

- 市街地図と近郊の地図がありますか。
  Do you have a city and surroundings map?

- バスの路線図をください。
  May I have a bus route map?

- 地下鉄の路線図をください。
  I'd like a subway map.

- この町の見所を教えてください。
  Could you tell me some interesting places in this city?

- ステンドグラスのきれいな聖堂はどこですか。
  Where is a cathedral that has beautiful stained glass?

- ここから日帰りで行ける所があったら教えてください。
  Could you recommend some places where we could go and come back in a day?

- 今日の衛兵交替は何時ですか。
  What time does the changing of the guard start today?

- 美術館の閉館日はいつですか。
  When is the art museum closed?

- 動物園は，今日開いていますか。
  Is the zoo open today?

- デパートは何時開店で，何時閉店ですか。
  What time do department stores open and close?

★観光ツアー：sightseeing tour

- ツアーのパンフレットをください。
  May I have a tour brochure?

- どんな種類のツアーがありますか。
  What kind of tours do you have?

- 半日のツアーがありますか。
  Do you have a half-day tour?

- 一日のツアーは何時間ぐらいかかりますか。
  How long does a full-day tour take?

- そのツアーは，ナイトクラブにも行きますか。
  Is there a tour that visits a nightclub?

- 出発は何時ですか。
  What time do you leave?

- 何時頃戻って来ますか。
  About what time will you come back?

- メトロポリタンホテルからも乗れますか。
  Could you pick me up at the Metropolitan Hotel?

- グランドホテルで降ろしてもらえますか。
  Could you drop me off at the Grand Hotel?

- 料金はいくらですか。
  How much is this tour?

- ここで予約できますか。
  Could I make a reservation here?

- 日本語のガイドがつくツアーはありますか。
  Is there a tour with a Japanese-speaking guide?

- タクシーで観光できますか。
  Can we go sightseeing by taxi?

★芝居・ミュージカル・コンサート・オペラ・バレエ： theater, musical, concert, opera, ballet

- この町の催し物の情報誌がありますか。
  Do you have some magazines of events in this city?

- 今晩何かショーはありますか。
  Is there any show tonight?

- オペラを見たいのですが。
  I'd like to see an opera.

- 開演は何時ですか。
  What time does it begin?

- 終演は何時ですか。
  What time does it end?

- 何日までやっていますか。
  How long will it run?

- 切符はどこで手に入りますか。
  Where can I get a ticket?

- 今夜の席はまだありますか。
  Are there any seats for tonight?

- 今晩上演の芝居の切符がありますか。
  Can I get tickets for tonight's performance?

- 2席並んでいるのをください。
  I'd like two seats side by side.

- 1階の真中の席を3枚ください。
  May I have three main floor tickets in the middle?

★ナイトクラブ・ディスコ：nightclub, discotheque

ナイトクラブは，情報誌を見て予約を入れておくこと。男性はネクタイと背広着用のこと。女性もドレスアップを忘れずに。料金は，飲食代と他にカバーチャージが加算されます。

● 良いナイトクラブがありますか。
Could you recommend a good nightclub?

● ここでナイトクラブの予約ができますか。
May I make a reservation for a nightclub here?

● 服装はどんなふうにしたらよいですか。
How should we dress?

● ネクタイと背広が必要です。女性はどうですか。
Jacket and tie are required. How about the ladies?

● 飲むだけでもいいですか。
Can we have only drinks?

● 食事ができますか。
Do they serve meals?

● 料金にカバーチャージが含まれますか。
Does the price include the cover charge?

● この町にディスコがありますか。
Is there a discotheque in this town?

- 予約が必要ですか。
  Do I need a reservation?

- 何時からですか。
  What time does it open?

- 何時までやっていますか。
  How late is it open?

★スポーツ観戦：watching games and matches

- 今日サッカーの試合を見たいのですが。
  I'd like to see a soccer game today.

- 今日プロ野球の試合がありますか。
  Is there a professional baseball game today?

- 切符はどこで買うのですか。
  Where can we buy a ticket?

- 切符を3枚とってもらえますか。
  Could you get me three tickets?

- そのスタジアムまでどうやって行くのですか。
  How can I get to the stadium?

- 試合が終わって市内にいたら，ホテルまで帰る交通機関がありますか。
  Is there any transportation to my hotel if I stay in the city after the game?

★スポーツをする：taking part in sports

- ゴルフをしたいのですが，近くに適当なコースはありますか。
  I'd like to play golf. Are there any golf courses around here?

- ゴルフのクラブを借りることができますか。
  Can I rent golf clubs?

- 1日いくらですか。
  How much is it per day?

- この近くにテニスコートがありますか。
  Is there a tennis court around here?

- テニスコートの予約はどこでできますか。
  Where can we reserve a tennis court?

- ラケットと靴を借りられますか。
  Can we rent rackets and shoes?

★美術館・博物館：museum

休館日を確認のうえ訪問しましょう。また曜日やシーズンによっては開館時間が変更になったり，入場が無料や割引きになったりします。

写真撮影を禁止しているところ，あるいはフラッシュをたくのを禁止しているところが多いので十分気をつけましょう。

- 休館日はいつですか。
  When is your museum closed?

- 博物館は明日何時に開きますか。
  What time does it open tomorrow?

- 今日は何時まで開いていますか。
  How late is it open today?

- 入場料はいくらですか。
  How much is the admission?

- 入場は有料ですか。
  Is there an admission fee?

- 学生割引きがありますか。
  Is there any discount for students?

- 休日割引きがありますか。
  Is there any discount during holidays?

- 何か特別の展示がありますか。
  Are there any special exhibitions?

- 館内ツアーは何時にありますか。
  What time do you start the guided tour?

- この美術館のパンフレットはありますか。
  Do you have a brochure for this museum?

- 絵ハガキを売っていますか。
  Do you sell postcards?

- ゴッホの絵はどこにありますか。
  Where can I find the Van Gogh paintings?

8. 市内にて

●写真を撮ってもいいですか。
Can I take pictures here?

●フラッシュをたいてもいいですか。
May I use a flash?

●三脚を使用してもいいですか。
May I use a tripod?

●中でビデオ撮影してもよろしいですか。
Can I use my video recorder inside?

II. 美容院・理髪店：beauty salon, barber shop

　美容院も理髪店も，洗髪・パーマ・カット・ブロー・セット・マニキュア・ペディキュア・散髪・靴磨きなど，それぞれ料金は別々に支払います。
　また料金の15％のチップを美容師あるいは理髪師に支払うのが普通です。日本人の髪に慣れていないので，事前の説明が必要です。美容院は予約が必要ですし，予約の際に何が希望か伝えなくてはなりません。理髪店は予約の必要がありません。

★美容院：beauty salon

●シャンプーとセットの予約を今日の夕方の5時にお願いしたい。

I'd like to make an appointment for a shampoo and set at 5 p.m. today.

● シャンプーとカットだけお願いします。
Just a shampoo and haircut, please.

● パーマを弱くかけてください。
I'd like a soft permanent.

● 毛先をそろえるだけで結構です。
I'd like a trim.

● 前と同じスタイルでお願いします。
Just the way I've been having it done, please.

● 後ろをもう少し短くしてください。
Please make it a bit shorter at the back.

● 左側で分けてください。
I want it parted on the left.

● 上の方は平らにしてください。
I want it flat on the top.

● 額は広く出してください。
I'd like it high over my forehead.

● 自然な色のマニキュアにしてください。
Natural color polish, please.

---

8. 市内にて

★理髪店：barber shop

- 散髪と髭剃りをお願いします。
  I'd like a haircut and a shave.

- シャンプーだけお願いします。
  Just a shampoo, please.

- 少しだけ刈ってください。
  Just trim it, please.

- 横は短くして，後ろはあまり短く切らないでください。
  Trim it short on the sides, but not too short at the back.

- 今と同じ髪型にしてください。
  Please cut my hair in the same style that it's in.

- もう少し左の方で分けてください。
  Just part it a little more to the left.

- 3センチだけ切ってください。
  Cut it just three centimeters, please.

- 後ろをすいてください。
  Thin it out at the back.

III. 道案内：directions

　道に迷った時や道を尋ねる時は，警官や観光案内所に聞くのが一番です。また，市街地図を持っていると便利です。

　アメリカの街は道路が碁盤の目になっているのでわかりやすいのですが，ヨーロッパの場合は，放射状の道が多いので，一本道を間違えると大変です。アメリカでは，東西に走っている道路と南北に走っている道路が交差し，その一つの交差点から次の交差点の間を1ブロック one block といいます。イギリスでは使いません。

　尋ねる時は「Excuse me.」教えてもらったら「Thank you.」と言います。

★道を尋ねる：asking directions

● すみません，ここはどこですか。
Excuse me. Where am I now?

● 道に迷ってしまいました。
I'm lost.

● すみませんが銀行はどう行ったらいいでしょうか。
Excuse me. Could you tell me the way to the bank?

● この通りはどこに出ますか。
Where does this street lead to?

- ここから歩いてノートルダム寺院まで行けますか。
  Can I walk down from here to Notre Dame Cathedral?

- ここからメトロポリタン美術館まで歩いて何分くらいかかりますか。
  How long does it take to go to the Metropolitan Museum of Art on foot?

- ハロッズはここから遠いですか。
  Is Harrods far from here?

- こちらの方ですか。
  Is it in this direction?

- 左の方ですか。
  Is it on the left?

- 何ブロック目ですか。
  How many blocks away is it?

- 東はどちらの方ですか。
  Which way is east?

- 真っ直ぐ行くのですか。
  Should I go straight?

- どの角で曲がるんですか。
  At which corner do I turn?

- すみません，左に曲がってそれからどうするんですか。
  I'm sorry. What was that after turning left?

- ここで右折した後，どうしたらよいのかもう一回言ってもらえませんか。
  I turn right here. Could you repeat the rest?

- すみません，もう一回言ってください。
  I beg your pardon.

- 何か目印がありますか。
  Are there any landmarks?

- グランドホテルまでの地図を書いてもらえませんか。
  Would you please draw me a map showing the way to the Grand Hotel?

- この地図ではどこだか教えてください。
  Can you show me where it is on this map?

- セントラル駅に行くのに一番簡単な方法は何ですか。
  Which is the simplest way to get to Central Station?

- ピカデリー広場への一番早い行き方を教えてください。
  Which is the fastest way to get to Piccadilly Circus?

★道順を教える：giving directions

● 次の交差点を右に曲がってください。
Turn right at the next intersection.

● 真っ直ぐ行って，3つ目の信号を左に曲がってください。
Go straight and turn to the left at the third traffic light.

● この通りの反対側の角を曲がったところにあります。
It's right around the corner on the other side of the street.

● セントラル駅の反対側です。
It's opposite Central Station.

● ここから徒歩で約5分です。
It's about a five-minute walk from here.

● バスに乗った方がいいですよ。
You should take a bus.

● かなり遠いですよ。
It's too far.

● 私について来てください。
Follow me.

● 連れていってあげましょう。
I'll take you there.

★トイレを尋ねる：asking where the restroom is

　急にトイレに行きたくなった時，レストラン，カフェ，デパート，ホテルなどのトイレを使用するとよいでしょう。ただし，入口のところに門番のごとく皿を前に座っているところもあるので，チップを払うのを忘れずに。また，有料トイレもあって，コインを入れるとドアが開きます。外出の際は，小銭の用意をしておきましょう。

　公衆トイレもありますが，ヨーロッパやアメリカでは汚いし，危険なところもたくさんあります。

●この近くにトイレがありますか。

Is there any restroom near here?

●この近くに有料トイレがありますか。

Do you have a pay toilet around here?

●トイレを借りたいのですが。

May I use the restroom?

●女子用のトイレはどこですか。

Where is the ladies' room?

[CD2-2]

9 ― 乗り物
Transportation

　外国あるいは国内・市内の移動には乗り物を使用しなければなりません。飛行機・鉄道・地下鉄・車・バス・タクシー・レンタカー・船があります。予約・再確認・予約の変更・切符購入・チップ・保険のことなど知っておかなければならないことがたくさんあります。

Ⅰ. 飛行機：airplane

　飛行機はいまやバスや電車の代わりとして利用されることが多く，大都市には国際線中心や国内専用の空港が数か所あるのも珍しくありません。また国際線から国内線あるいは国内線から国際線に乗り換える場合，空港間の移動に時間がかかることを頭に入れておかなければなりません。

　アメリカにはエア・シャトルといって予約なしに乗れ，満席になると飛び立って行くのもあります。

★予約：reservation

　予約は電話で，名前・連絡先電話番号・行き先・搭乗日・時間を伝えればできます。

●ロンドンまで2座席予約したいのですが。

I'd like to make reservations for two to London.

●今週の金曜日のエコノミークラスでどこか空きがありますか。

Do you have anything in Economy Class for this Friday?

●もっと早い便がありますか。

Do you have anything earlier?

●往復をお願いします。

Round-trip, please.

- 片道をお願いします。
  One-way, please.

- 955便のチューリッヒまで予約をお願いします。
  I'd like to reserve a seat to Zurich on flight 955.

- 明後日の午後3時ごろ出発するバルセローナ行きの便がありますか。
  Do you have a flight to Barcelona departing at around 3 p.m. the day after tomorrow?

- 11月10日ベルリン発コペンハーゲン行きの飛行機がありますか。
  Do you have any flights from Berlin to Copenhagen on November 10th?

- 午前9時頃にはどんな便がありますか。
  What flights do you have around nine in the morning?

- それがいい。予約してください。
  That will be fine. Could you make reservations?

★予約の再確認：reconfirmation

　航空券の Reservation Status の欄にＯＫが記入されてあれば，国際線でも国内線でも再確認の必要はありません。予約がまだの場合はＯＰ（Open）と記されています。

- 予約を再確認したいのですが。9月23日の773便に予約しています。
  I'd like to reconfirm my reservation. I'm booked on Flight 773, on September 23rd.

- チェックインは何時ですか。
  What time do you start check-in?

- どこで航空券を受け取ったらよいでしょうか。
  Where do I pick up the ticket?

- その便はどこの空港から出ますか。
  What airport does the flight leave from?

- その便では食事が出ますか。
  Is there a meal served on the flight?

- お名前と便名をどうぞ。
  What's your name and flight number?

- 9月3日，BA773便ロンドン行きは，再確認できました。
  BA773 for London, September 3rd is reconfirmed.

---

9. 乗り物

- あなたの予約は OK です。
  Now you've been booked.

- 予約リストにあなたのお名前はありません。
  I can't find your name on the reservation list.

- 予約リストに載っていませんが，この便はまだ席がございます。
  We can't find your name on the reservation list, but we have seats for new bookings on this flight. No problem.

- 1時間前にチェックインしてください。
  You must check in at least one hour before.

★予約の変更：changing reservations

予約を変更したい場合は，予約してある便名をいい，これを何便に変更したいと告げます。他の航空会社の便に変更する場合は，すでに予約してある便の航空会社へ行き，ここで予約の取り消しをして，裏書きをもらって，新しく予約したい航空会社へ行って，改めて予約をします。

- 予約を変更したいのですが。
  I'd like to change my reservation.

- 9月3日のAF3便を予約してあったのですが，9月23日に変更したいのですが。

  I've reserved on AF flight 3 on September 3rd, but I'd like to change to the one on September 23rd.

- シアトルからデトロイトまでの直行便を予約したのですが，途中シカゴに立ち寄りたいので，変更していただけますか。

  I have a reservation to fly direct from Seattle to Detroit, but I'd like to stop over in Chicago. Could you arrange it for me?

- エコノミークラスからファーストクラスに変更したい。

  I'd like to change my accommodation from Economy Class to First Class.

- 運賃の差額はいくらですか。

  What's the difference in the fare?

- 遅い便に変更したい。

  I'd like to change to a later flight.

- 他社のはどのような接続便がありますか。

  Can you give me a connecting flight on another airline?

★満席：all booked

- 私の乗りたい925便が満席なんです。待てば席がとれる方法は何でしょうか。
  Flight 925 is full. What's the possibility of my getting a seat, if I wait?

- 土曜日の朝にフランクフルトに行かなければならないのですが。
  I have to be in Frankfurt on Saturday morning.

- 何か良い方法はありませんか。
  Do you have any suggestions?

- 今持っている航空券との差額は適用できませんか。
  Could you apply the price difference from the tickets I have?

- 未使用の区間は日本で払い戻しを受けてください。
  You'll be refunded for the unused sections of your ticket in Japan.

★搭乗手続き：check-in

　国際線は出発時刻の2時間前，国内線は1時間前にチェックインしなくてはなりません。空港に着いたら，利用予定の航空会社のカウンターへ行き，切符あるいは予約をとってあることを告げます。機内の座席の希望を伝え，座席番号とゲート番号が記入してある搭乗券と，また荷物を機内に預けるとその引き替え証が渡されます。

- アメリカン航空のカウンターにこの荷物を運んでください。
  Could you take this baggage to the American Airlines counter, please?

- 禁煙席をお願いします。
  I'd like a seat in the non-smoking section.

- 窓側の席をお願いします。
  I'd like to have a window seat, please.

- 通路側の席をお願いします。
  An aisle seat, please.

- 娘と隣合わせの席にしてください。
  I'd like to sit with my daughter.

- 搭乗開始は何時ですか。
  What's the boarding time?

- これを機内に持ち込めますか。
  Can I bring this on the plane?

- 最終目的地まで通して預けたいのですが。
  Check it to my final destination.

- この手荷物は預けません。
  I won't check this baggage.

- 7番ゲートはどこですか。
  Where's gate seven?

- この便の搭乗ゲートはどこですか。
  Where's the boarding gate for this flight?

II. 鉄道：railroad

　ヨーロッパ，オーストラリア，アメリカ，カナダなどを周遊する場合は，鉄道パスを使うと大変便利で，安上がりです。外国人用の割引きパスは現地では購入できないので，あらかじめ日本で購入しておかなければなりません。

★予約：reservation

- 予約はどこでできますか。
  At which window can I make a reservation?

- バーゼル行きの座席を予約したいのですが。
  I'd like to reserve a seat on the train to Basel.

- パリまで夜行寝台を予約したいのですが。
  I'd like to reserve a sleeper to Paris.

- 座席指定ならとれますか。
  Are any reserved seats available?

- 予約が必要ですか。
  Do I need a reservation?

★切符購入：buying a ticket

　切符は駅や鉄道会社の窓口で購入できます。長距離や複数の国，鉄道会社にまたがる場合でも最初の駅で通しの切符を買うことができます。

- 切符売り場はどこですか。
  Where's the ticket window?

- ミュンヘン行きの片道切符をください。
  One-way to Munich, please.

- 割引き切符はありますか。
  Are there any discount tickets for me?

- もっと速い列車がありますか。
  Is there a train that goes any faster?

- 切符は何日間有効ですか。
  How long is the ticket valid?

★周遊券：railroad pass

　西ヨーロッパを鉄道旅行する場合は，ユーレイルパスを使用すると便利です。有効期間内なら，イギリスを除く16か国の国鉄の1等車に乗車でき，国営のバスや連絡線などにも使えます。フランスのＴＧＶは，予約と追加料金が必要です。

　イギリスではブリットパスを使って，乗り降りの度にパスを改札口で見せれば，そのまま列車に乗れます。寝台車とプルマン列車は追加料金が必要です。

　アメリカは，アムトラック社で発行しているＵＳＡレイルパスがあります。ツーリストクラスのコーチには乗り放題ですが，クラブカーや個室，寝台車は追加料金が必要です。混雑が予想される区間は予約をしておいた方がよいでしょう。

　カナダは，ウニペグ以西用のカンレイルパスと全路線用の割引きパスがあります。シーズンにより料金が異なります。

●今日からユーレイルパスを使います。
　I'd like to begin to use the Eurail Pass today.

●使用開始印をお願いします。
　Will you validate my Pass?

●明日から30日間使いたいのですが。
　I'd like to start using this pass for thirty days from tomorrow.

●ユーレイルパスで何か割引きがありますか。
　Is there any discount for the Eurail Pass?

9．乗り物

★車内：in the train

- この列車は切り離されますか。
  Does this train split up?

- この列車はローザンヌにとまりますか。
  Does this train stop at Lausanne?

- ローマに行くのに乗換えが必要ですか。
  Do I have to change trains to go to Rome?

- 食堂車はついていますか。
  Is there a dining car on the train?

- 食堂車は予約制ですか。
  Do I need a reservation for the dining car?

- ここは空いていますか。
  Is this seat taken?

- ここは私の席ですが。
  I think this is my seat.

- この切符で途中下車はできますか。
  Can I stop over with this ticket?

- この駅でどれくらい停車しますか。
  How long does the train stop at this station?

- 切符をなくしてしまいました。
  I lost my ticket.

- 乗り越してしまいました。
  I missed my station.

- 列車に乗り遅れてしまいました。
  I missed my train.

- 電車に忘れ物をしてしまいました。
  I left something on the train.

- 窓を開けてもいいですか。
  May I open the window?

III. バス：bus

★長距離バス：long-distance bus, coach

　バスで旅をするのは時間があれば一番安上がりで，その国をよく見ることができます。アメリカの長距離バスに乗車する場合は，期間内乗り放題のアメリパスを日本で購入しておかなければなりません。イギリスのブリット・エクスプレス・カードはロンドンのヒースロー空港でも買えます。

● グレイハウンドバスの案内所はどこですか。
Where's the Greyhound office?

● アメリパスを持っています。
I have an Ameripass.

● クーポン券の追加発行をお願いします。
Could you issue the supplement coupons?

● 切符売り場はどこですか。
Where is the ticket office?

● バスの中で切符が買えますか。
Can I get a ticket on the bus?

● 次のバスの出発は何時ですか。
What time does the next bus leave?

● 隣りに座ってもいいですか。
May I sit next to you?

- この停留所には何分くらい止まりますか。
  How long does the bus stop here?

- ここで降ります。
  I'll get off here.

★市内バス：city bus

　市内を自由に安く見て回れるのはバスです。路線図があると大変便利です。アメリカでは，料金箱に運賃を入れて乗りますが，おつりはもらえません。イギリスでは前から，あるいは後ろから乗って，車掌に行き先を告げ料金を支払います。パリの場合，切符は地下鉄と共用です。

- 回数券をください。
  Can I have coupon tickets?

- セントラルパークまでいくらですか。
  How much is it to Central Park?

- セントラルパーク行きの切符を2枚ください。
  May I have two tickets to Central Park?

- セントラルパークはいくつ目ですか。
  How many stops are there to Central Park?

- セントラルパークに着いたら教えてください。
  Could you tell me when we get to Central Park?

- どのようにして降りたらよいのでしょうか。
  How can I get the bus to stop?

- ピカデリーサーカスまでいくらですか。
  How much is it to Piccadilly Circus?

Ⅳ. 地下鉄：subway, underground

　パリの地下鉄は高度に発達し，経済的で，簡単に利用できます。料金は全線均一で，乗換え自由です。切符売り場で10枚綴りの回数券カルネや2・5・7日全線有効の定期乗車券パリセザムなどを買うことができます。

　ロンドンの地下鉄は，underground あるいは tube と呼ばれています。料金はゾーン制で，自動販売機か窓口で購入します。12路線はすべて色分けされていて，利用する路線の色の案内板に沿って進みます。また同じ路線でも Northbound, Southbound, Eastbound, Westbound と明示されてあるので，自分が行きたい駅は東西南北どこにあるか，そしてホームでは行き先の表示板をよく見て目的地に行くかどうか確認してください。

　ニューヨークの地下鉄は subway と呼ばれ，トークンを窓口で買って，自動改札口のスロットに入れます。急行と各駅停車があり，24時間走っていますが，あまり治安がよくないので夜中は乗らない方がいいでしょう。

● ここから一番近い地下鉄駅はどこでしょうか。
Where's the closest subway station?

● トークンをください。
Can I have a subway token?

● ソーホーへ行くのは何線ですか。
Which line do I have to take to go to Soho?

V. 車：automobiles

★タクシー：taxi

　地理がよくわからない場合は，タクシーが一番です。タクシースタンドかホテルの前で待つのがよいのですが，ホテルのフロントやベルキャプテンに頼むと，無線で呼んでくれます。人数の多少や荷物の大小などで追加料金をとられることがあります。料金の15％から20％のチップを忘れずに。

- タクシーはどこで拾えますか。

  Where can I catch a taxi?

- ホテルの正面玄関で降ろしてください。

  Would you drop me off at the main entrance of the hotel?

- 料金がメーターより高いようです。

  I think the taxi fare is higher than the meter shows.

- 深夜料金はかかりますか。

  Do you have a special night fare?

- 高速道路料金はあとでメーターの料金と一緒に払います。

  I'll pay you the toll with the taxi fare later.

- メーターと料金が違うので，ドアマンのところに一緒に行って，ドアマンに説明してもらいましょう。

  The fare is different from the meter. I'll go and have that doorman talk to you then.

★レンタカー：rent a car

イギリスではカー・ハイヤーと言いますが，レンタカーのカウンターは空港や鉄道の駅，町中，ホテルにもあります。出発前にレンタカー会社に予約を入れておけば安心です。車種もいろいろあり，料金も会社によって違いますが，大別すると標準料金（standard rates）とサービス料金（service rates）があります。

標準料金の方は，1時間あるいは1日単位の料金が基本で，これに1マイルあるいは1キロ走行（mileage charge）につきと車種別料金が追加されます。一方サービス料金は，車種によって1日あるいは1週間単位の料金だけが基本です。ガソリン代は借りる人の負担です。

借りる時は，パスポートと国際免許証が必要です。アメリカでは25歳以上でないと借りることができません。また支払いの保証としてクレジット・カードの提示を求められることがあります。

料金の中に自動車損害賠償保険が含まれていますが，任意保険にも必ず加入しましょう。「車両・対物免責保険 CDW」「搭乗者障害保険 PAI」2つを合わせた「Full Protection」「携行品保険 PEC」などの任意保険があります。また出発前に海外旅行傷害保険に加入するのは当然ですが，その中に「レンタカー特約」があるので，それにも入っておくと万全です。

手続きは，車種，料金，保険など話し合いがついたら，契約書の指示された部分にサインをします。この場合，他に運

転する人の名前も必ず契約書に記名しておくことです。

　車を返却する際も，乗り捨て料金を前払いしておくと，乗り捨て場所を指定することができます。空港などの「Rent a Car Return」の表示に沿って進み，借りた会社のステーションに入れます。契約書の裏側の所定欄に走行距離，ガソリンの量，返却の時刻などを書き込み，「Car Return」のカウンターへ行って精算します。鍵は車につけたままで，ガソリンは満タンにして返します。

●レンタカーはどこで借りられますか。
Where can I rent a car?

●車を1か月借りたいのですが。
I'd like to rent a car for one month.

●予約してあります。これがクーポンです。
I have a reservation. Here is my voucher.

●車種はどんなものがありますか。
What kind of cars do you have?

●オートマティック車がいいです。
I'd like an automatic car.

●大型のワゴンの方がいいです。
I'd prefer a large station wagon.

●料金表を見せてください。
May I see the rate list?

- 1日いくらですか。
  What's the rate per day?

- 走行距離は無制限ですか。
  Is the mileage free?

- ガソリン代は込みですか。
  Does it include gas?

- その料金に保険は含まれていますか。
  Does the price include insurance?

- 保険を全部かけたいんですが。
  I'd like full insurance.

- 明日午前10時にグランドホテルまで車を回してください。
  Would you send the car to the Grand Hotel at ten tomorrow morning?

- ジャッキはどこにありますか。
  Could you tell me where the jack is located?

- いつまでに車を返せばよいのですか。
  When do I have to return the car?

- 車を乗り捨てできますか。
  Can I drop it off at my destination?

- パリで車を返したいのですが。
  Could I drop it off in Paris?

●前金を払うんですか。
Do I have to pay a deposit?

●乗り捨て料金はいくらですか。
How much do you charge for dropping off the car?

●事故の時連絡する場所を教えてください。
Will you tell me some places to call in case of an emergency?

★ガソリンスタンド：service station

　ガソリンの入った量と値段とが同時に表示されます。またほとんどのガソリンスタンドでは修理もしてくれますが，最近はセルフサービスが多く，自分でガソリンを入れなくてはなりません。しかしこちらの方がかなり安上がりです。

　泥棒防止のために，ガソリンスタンドでは夜現金を置いていません。クレジットカードを持っていないと夜遅くにガソリンを入れるのは困難です。

●この辺にガソリンスタンドがありますか。
Is there a gas station around here?

●一番近いガソリンスタンドまでどれくらいありますか。
How far is the nearest gas station?

●20ドル分お願いします。
Twenty dollars of gas, please.

- 10ガロンお願いします。
  Ten gallons, please.

- レギュラーをお願いします。
  Fill it up with regular, please.

- 満タンお願いします。
  Fill it up, Please.

- オイルを1クォート入れてください。
  Put in a quart of oil, please.

- ガソリンはどうやっていれるのですか。
  How do I use this gasoline pump?

- バッテリーがあがってしまいました。
  The battery is dead.

- ブレーキが故障した。
  The brakes gave out.

- ラジエーターがもれた。
  The radiator sprang a leak.

- プラグはどうでしょうか。
  What do you think about the plugs?

- ファンベルトはどうでしょうか。
  Would you mind checking the fan belt?

●タイヤがパンクしてしまいました。
I have a flat tire.

●タイヤの空気圧を点検してください。
Please check the air in the tires.

VI. 船：boat

● エーゲ海クルーズにはどんなものがありますか。
What kind of Aegean cruises are there?

● 1日に何便ありますか。
How many cruises are there each day?

● 往復で何時間かかりますか。
How long does it take to get there and come back?

● 乗り場はどこですか。
Where can I board the ship?

● デッキチェアーの予約をしたいのですが。
Can I reserve a deck chair?

● 食事はついていますか。
Does the fare include a meal?

● 私の船室はどこですか。
Where is my cabin?

● 船に酔ってしまいました。薬をください。
I get seasick. Could I have some medicine?

10 ― 買い物
Shopping

　店の場所や規模によって品物の値段がまちまちで，安い物は drug store・supermarket・dime store などで買うのが便利です。デパートは日本とは違って品物の種類の幅がありません。

　買う気がない場合は決して陳列してある商品に触れないこと。見たいときは，店員に頼んで見せてもらうこと。

　アメリカやヨーロッパ，オーストラリアなどでは日曜日が閉店という所が多いので気をつけましょう。

★スーパーマーケット：supermarket

● 乳製品売り場はどこですか。
Where's the dairy section?

● 小麦粉はどこですか。
Could you tell me where to find the flour?

● 今日はマグロがありますか。
Do you have tuna today?

● この卵に値段がついていません。
These eggs don't have a price on them.

● 会計はどこですか。
Where's the check-out counter?

● 税金を入れるといくらになりますか。
How much is it with tax?

★ドラッグストアー：drug store

　もともとは薬屋だが，菓子類・タバコ・化粧品・文房具・家庭用雑貨・ペーパーバックの本も買えます。また，写真の現像，アイスクリームやコーヒーなどの飲食もできるようになっています。

　薬剤師がいるので，処方箋つきの薬も買えます。また，処方箋なしで買える薬も売っています。

- この処方箋の薬を調合してくださいませんか。
  Could you fill this prescription for me?

- アスピリンをください。
  I'd like some aspirin.

- 何か良い総合ビタミン剤をください。
  I'd like some good multiple vitamin pills.

- 歯痛にきく薬がありますか。
  Do you have any medicine for a toothache?

- 日焼けにきく薬がありますか。
  I'd like to pick up something for this sunburn.

- 発疹にきく薬がありますか。
  Is there anything I could take for this rash?

- この肌荒れにきくクリームがありますか。
  Can you suggest a cream for my skin problem?

- 耳が痛いんですが、何かいい薬がありますか。
  Do you have something I could take for an earache?

- カミソリの刃をください。
  I'd like some razor blades.

- 罐入りのシェービングクリームをください。
  I'd like a can of shaving cream.

★カメラ屋：camera shop

- コダックの Tri-X 36枚どりのフィルムを1本ほしいのですが。
  I'd like to buy a roll of Kodak's Tri-X film, 36 exposures.

- 20枚どりのカラースライド用フィルムをください。
  I want film for color slides, 20 exposures.

- 私のカメラに合う三脚が必要です。
  I need a tripod for my camera.

- 露出計はありますか。
  Do you have any exposure meters?

- このフィルムを現像してほしいのですが。
  I'd like to have these pictures developed.

- 焼き増しをお願いします。
  I'd like to have some copies made.

- 引き伸しをお願いします。
  I'd like to get an enlargement made.

- 今日の午後までに仕上げてもらえますか。
  Can you have these ready by this afternoon?

- こちらでカメラを修理してもらえますか。
  Do you repair cameras?

- このカメラにどうやってフィルムを入れるのですか。
  How do you load this camera?

- フィルムをどうやって巻き戻すのか教えてください。
  Could you show me how to rewind this film, please?

- 修理してもらうのにどれくらい時間がかかりますか。
  How long will it take to get it fixed?

★衣料品店：clothing

- 衣料品売り場はどこですか。
  Where can I buy clothes?

- あのセーターをみせてください。
  Could you show me that sweater?

- 私に合うサイズのものを見せてください。
  Could you show me something in my size?

- ほかのを見せてください。
  Could you show me another one?

- もっと小さいのがありますか。
  Do you have anything smaller?

- ほかの型がありますか。
  Do you have any other style?

- 赤いのが好きなんですが合わないようです。
  I like the red one, but the fit isn't very good.

- これの黒がありますか。
  Do you have this in black?

- これはちょっと私が探しているのとは違います。
  This is not what I'm looking for.

- もっと地味なのがありますか。
  Do you have a simpler one?

- これと同じで色違いはありますか。
  Do you have the same thing in any other colors?

- 素材は何ですか。
  What is this made of?

- 綿素材のものがありますか。
  I'd like something in cotton.

- 長すぎます。
  This is too long.

- ここがきついようです。
  It feels tight here.

- 私のジャケットのサイズはなんですか。
  What size jacket should I have?

- ●サイズを計ってください。
  Could you measure me?

- ●試着してもいいですか。
  Can I try this on?

★靴屋：shoe shop

　日本の靴屋とは違い，ウィンドウにあるのはディスプレイ用の靴だけで，棚には見本の靴を置いているところは少ないため，自分の欲しい靴とサイズを説明して店員に2～3足持って来てもらうのが普通です。

- ●靴売り場はどこにありますか。
  Where is the shoe department?

- ●サイズ7の靴がほしい。
  I'd like a pair of shoes in size 7.

- ●これと同じものがありますか。
  Do you have ones like these?

- ●これの色違いがありますか。
  Do these come in a different color?

- ●このデザインは好きではありません。
  I don't like this design.

- サイズが合わないようで緩すぎます。
  They are not my size. They are too loose.

★宝石店：jewelry shop

- このピアスをみせてください。
  Could you show me these earrings for pierced ears?

- これは何という宝石ですか。
  What kind of stone is this?

- つけてみていいですか。
  May I try this on?

- 違う形のものがありますか。
  Do you have another design?

- 100ドルくらいで何かありますか。
  Do you have anything else around one hundred dollars?

- 少し安くなりますか。
  Can I get a little discount?

- これと同じ物を3つください。
  I'd like three more like this.

- 贈物にしたいので、きれいに包んでください。
  This is a present, so can you wrap it as a gift?

- 別々に包んでください。
  Can you wrap them separately?

- これをください。
  I'll take this.

★支払い：payment

　支払い方法には，クレジットカード，トラベラーズチェック，現金などがありますが，トラベラーズチェックのときはパスポートの掲示を求められることがあります。

　西ヨーロッパの店で免税を受けるときは，パスポートを見せて旅行者であることを明示しなければなりません。また免税を受けられる店は限られているので買う前に確認する必要があります。

　イギリスの場合は，50ポンド以上の買物をすると書類を作ってくれます。それに出国の時税関でスタンプを押してもらい，付加価値税ＶＡＴ専用のポストに入れます。後日小切手で還付金が送られてきます。手数料が3000円くらいかかります。

　ヨーロッパの他の国々も同様に買物をすると３枚綴りの書類を作ってくれます。それらに出国の際税官吏にサインをしてもらい，１枚は税関に，もう１枚は付いている封筒に入れて購入店へ送付し，残りは日本に持ち帰り，１か月もすると免税額相当のお金が送られて来ます。

● 全部でいくらですか。
How much is it altogether?

● 税金は含まれていますか。
Does it include tax?

● トラベラーズチェックで支払いできますか。
Do you accept traveler's checks?

- このカードは使えますか。
  Do you accept this credit card?

- どこのクレジットカードが使えますか。
  What kind of credit cards do you accept?

- 日本円で払えますか。
  Can I pay in Japanese yen?

- 日本円とドルを混ぜて払ってもいいですか。
  Can I pay in a combination of Japanese yen and American dollars?

- 合計金額が違います。
  You added incorrectly. I think this total is wrong.

- おつりが違います。
  I don't think you gave me the right change.

- おつりをまだもらっていません。
  I don't have my change back yet.

- 領収書をください。
  Can I have a receipt, please?

- 免税で買えますか。
  Can I buy them tax-free?

- 免税の手続きを教えてください。
  Could you tell me how to make it tax-free?

● 税金払い戻しの申告書をください。
May I have the form for a tax refund?

● 税金払い戻しの申告用の書類を作ってください。
Could you fill out the form for the tax refund for me?

★配達・別送：delivery, unaccompanied baggage

● これをグランドホテルに今日中に届けてもらいたいのですが。
Could you deliver it to the Grand Hotel today?

● 小包の海外発送をしていますか。
Do you mail packages overseas?

● それを日本に送ってもらえますか。
Could you send it to an address in Japan?

● 保険をかけてください。
Can I take out insurance?

● 申告をする必要がありますか。
Do I have to declare this?

● 航空便でお願いします。
By air mail, please.

● 船便ではいくらかかりますか。
How much does it cost by sea mail?

★苦情：complaint

買った商品は必ずその場で確認すること。またどんな店で買ってもレシートはとっておくことです。

● こちらで昨日これを買ったんですが壊れていました。
I bought this item here yesterday, but it was broken.

● 買ったときは気がつかなかったんですが，ガラスにひびが入っていたんですが。
I didn't notice when I bought it, but later I found a crack in the glass.

● 全然動かないんです。
It doesn't work at all.

● ここが汚れています。
I found a stain here.

● 新しいのと取り替えてくれますか。
Could you change this for a new one?

● 返品したいのですが。
I'd like to return this.

● 返金してもらえますか。
Can I have a refund?

● 中身が違ってます。
This is the wrong item.

- 開けて見たら指輪が壊れていました。
  I found the ring broken inside.

- 間違ってサイズの大きいのを買ってしまいました。
  I bought it one size too large by mistake.

- もう一回り小さいのに換えていただけますか。
  I wonder if you can change it to a size smaller?

- レシートを持って夕方伺います。
  I'll come to your place with the receipt later in the evening.

11 ― 銀行・郵便局
Bank・Post Office

1. 銀行：bank

　両替は，空港，主要駅の両替カウンター，"Exchange" "Cambio" などの表示のある両替商，ホテルそして銀行などでできますが，銀行が一番交換レートがいいようです。問題は銀行の営業時間で，国によってかなりの幅があります。

　銀行の窓口を利用するより ATM（Automatic〔Automated〕Teller Machine）か Cashpoint で自動的に現金を引き出したり，預け入れる方が一般的です。

- トラベラーズチェックをここで現金にしてもらえますか。
  Can I cash a traveler's check here?

- この小切手を支払ってもらえますか。
  Can you honor this check?

- 普通預金口座からいくらか引き出したい。
  I'd like to withdraw some money from my savings account.

- 銀行小切手を500ドル買いたいんですが。
  I'd like to buy a cashier's check in the amount of five hundred dollars.

- 日本円で支払い可能な銀行為替手形を買いたいのですが。
  I'd like a bank draft payable in yen.

- 新しい個人用小切手をいただけますか。
  Can I get new personalized checks?

- 日本円の為替レートを教えてください。
  Could you tell me the rate of exchange for Japanese yen?

- どうしたら普通預金口座が開設できますか。
  Could you tell me how to open a savings account?

- 当座預金口座にしたいのですが。
  I'd like to open a regular checking account.

- 定期預金口座を開きたい。
  I'd like to open a time deposit account.

- 残高を教えてください。
  Could you give me my bank balance?

- 普通預金口座を解約したい。
  I'd like to close my savings account.

- 手数料はいくらですか。
  How much is the service charge?

II. 郵便局：post office

　封書や葉書を窓口で黙って渡せば，速達と書留の場合を除いては，いくらと言ってくれます。また切手は自動販売機でも求めることができますが，手数料が含まれているため，入れた硬貨と出てくる切手の額面には差があるので割高になります。小包も郵便局から発送します。

　ホテルのフロントに頼むと，切手を貼って投函もしてくれますが，手数料やチップなどを要求されるので，郵便局より多少高くなります。

●郵便局はどこにありますか。
Where is the post office?

●郵便局は何時に開きますか。
What time does the post office open?

●郵便局は何時に閉まりますか。
What time does the post office close?

●これを日本へ送りたいのですが。
I'd like to send this to Japan.

●航空便でお願いします。
By air mail, please.

●速達でお願いします。
By special delivery, please.

- 書留でお願いします。
  I'd like to send this by registered mail.

- 航空書簡を3枚ください。
  I'd like three aerograms.

- 25セントの切手を8枚ください。
  Eight twenty-five cent stamps, please.

- 記念切手がありますか。
  Do you have any commemorative stamps?

- この絵葉書を日本へ出したいんですが。
  I'd like to send this postcard to Japan.

- この小包を地上輸送郵便で送ってください。
  Please send this by surface mail.

- 日本には船便で何日くらいかかりますか。
  How long will it take by sea mail?

- この小包を書籍郵便料金で送れますか。
  Can you send this package at the book rate?

- この小包に保険をかけたい。
  I'd like to insure this package, please.

- 中身の値段は約250ドルです。
  The contents are worth about two hundred fifty dollars.

- 中身は壊れ物なので,「壊れ物」と表示してください。
  The contents are fragile, so please mark it "fragile".

- 税関申告書を書く必要がありますか。
  Do I need to fill out a customs declaration form?

- 日本へファックスを送りたいんですが。
  I'd like to send a fax to Japan.

- 日本へ電報を打ちたいのですが。
  I'd like to send a telegram to Japan.

12―電　話
Telephone

I. 公衆電話：pay phone

　アメリカの場合は，まず受話器をはずし，35セントのコインを入れ，ダイヤルします。長距離や市外の場合，コインを入れ，area code number を前に加えてダイヤルし，ベルが鳴ると，入れたコインが戻り，それと同時に交換手が "50 cents for 3 minutes" などと言うので，50セントを入れて話してください。

イギリスの一部の電話の場合，ダイヤル式は先にダイヤルして，先方が出たらコインを入れます。市内は最初の1分間は10ペンスです。プッシュ式は日本やアメリカと同じです。

　テレフォンカードやトークン（電話専用コイン）などを使うところもあります。フランスはカードのときは，カードを差し込んだら差し込み口のふたを下げないと通話できません。またテレフォンカードは郵便局で売っています。

　街の電話店（a telephone store）で携帯電話（a cellular phone あるいは a cell phone）を購入することができます。事故を起こしたり，道に迷ったりしたときに持っていると大変便利です。

　支払いは月払いです。イギリスでは prepaid の携帯電話も普及しています。

●公衆電話はどこですか。
Where is a pay phone?

●電話をお借りできますか。
May I use the phone?

●携帯電話をください。
I'd like to get a cell phone.

●電話の使い方を教えてください。
Could you tell me how to use the phone?

- この番号に電話をする方法を教えてください。
  Could you tell me how to call this phone number?

- お金を先に入れるのですか。
  Should I put in coins first?

- いくら入れるのですか。
  How much should I put in?

- こちら伊藤と申しますが，スミスさんお願いします。
  This is Ms. Itoh.　May I speak to Mr. Smith?

- 内線2011お願いします。
  Extension twenty eleven, please.

- 私から電話があったことを伝えてください。
  Would you tell him I called?

- 私の方から後でお電話します。
  I'll call back later.

- スミスさんに電話するように伝えていただけますか。
  Would you ask Mr. Smith to call me?

- 出先に連絡がとれますか。
  Can you trace him?

- もう少し大きな声でお願いできますか。
  Would you speak a little louder?

● もう少しゆっくり話してください。
Could you speak more slowly?

● グランドホテルの電話番号を調べてください。
Can I have the Grand Hotel's telephone number?

● イリノイ州のウエスタン・スプリングス,ローソン通りに住むコンウエイさんの電話番号を教えていただけますか。
Could you give me the number for the Conway on Lawson Street, Western Springs, Illinois?

II. 国際電話：overseas call

　国際電話は，ダイヤル直通のほか，交換手を通して番号指定通話・指名通話・コレクトコールなどを利用することができます。

　イギリスでは，国際電話は Intercontinental と表示されたプッシュ式の公衆電話でダイヤル直通ができます。ドイツでは，国際電話がかけられる公衆電話はボックスの扉のところに青緑色の受話器のマークがついています。

　アメリカでは，コインを入れて0をダイヤルすると交換手が出るので，『Overseas call to Japan』と言うと国際電話の交換手が出ます。また，Which long distance company do you want? 長距離電話はどちらの会社にしますか？と聞かれますので，知らない場合は Any will do. どちらでもかまいません，と答えてください。

　『Tokyo operator』と言えば KDDI の交換手が出る

ので日本語ですみます。オーストラリアでは，公衆電話で国際電話ができるのはオレンジ色の gold phone と ISD の表示のある青電話です。

　国際通話可能な特別の携帯電話が必要です。

● 日本に国際電話をお願いします。
Overseas call to Japan, please.

● 日本の新潟まで番号通話をお願いします。番号は0256-32-0555です。
Station call, please. The phone number is Niigata, Japan oh-two-five-six-three-two-oh-five-five-five.

● コレクトコールで東京に電話したいのですが。
I'd like to make a collect call to Tokyo.

● 指名通話でお願いします。
Person-to-person call, please.

● 料金は先方払いにしてください。
Please make it a collect call.

● 通話後，料金を教えてください。
Could you tell me the cost of the call afterwards?

● 国際電話の交換手に代わります。
I'll change to an overseas operator.

● 番号をどうぞ。
What's the phone number?

- そのまま切らずにお待ちください。
  Please hold the line.

- いったん切ってください，こちらからお電話いたします。
  Please hang up and I'll call you back.

- 先方をお呼びしておりますが，返事がありません。
  We're calling your party, but there is no answer.

- お話し中です。
  The line is busy.

- 相手が出ました。どうぞお話しください。
  Your party is on. Go ahead, please.

- 終わりましたか。
  Are you through?

13 — 食　事
Eating

　旅の楽しみは，なんと言ってもその国や地方の名物料理を味わうことです。特にヨーロッパには伝統や格式のある店，雰囲気のある店などが多いので，気軽に入ってみましょう。

　ホテルのレストランの食事もいいですが，やはりその土地の小さなレストランに入ってみるのも楽しいことです。入り口にメニューと料金が提示してあるところもたくさんあります。

Ⅰ. レストラン：restaurant

★予約：reservation

　レストランで食事をする場合は，電話で予約しておくのが習慣になっております。時間・人数・名前を告げ，服装のきまりや値段なども予約のときに聞いておくといいでしょう。

　格式ある店ならば，紳士はネクタイが必要です。またダークスーツなどフォーマルな服装をして行くこと，またご婦人はパンツお断りというところもあるので服装には注意を払っておくとよいでしょう。

● 予約が必要ですか。
　Do I need a reservation?

● 今晩6時30分に4人分予約したいのですが。
　I'd like to reserve a table for four at six thirty tonight.

● 明日の夜何時だったら2人分の席がとれますか。
　What time can we reserve a table for two tomorrow night?

● 窓側の席をお願いします。
　I'd like a table by the window.

● 喫煙席をお願いできますか。
　One in a smoking corner would be fine.

- 今日の特別メニューは何ですか。
  What do you have for today's special?

- 服装のきまりがありますか。
  Do you have any rules for dress?

- ネクタイと上着の着用が必要ですか。
  Should I wear a coat and tie?

- すみません,予約を取り消したいのですが。
  I'm sorry, but I want to cancel my reservation.

- 予約の時間を変更してもらえますか。
  Is it all right for us to change the time of the reservation?

★レストランに入る：entering a restaurant

　名前と予約してある旨を告げて，案内を待ちます。予約してない場合も席があるかどうか尋ねてみましょう。クロークにコートや荷物を預けますが，チップが必要です。

- 今晩6時に，4人分の予約をお願いしています。伊藤です。
  We've reserved a table for four at six tonight. My name is Itoh.

- コートを預けましょう。
  Let's leave our coats.

- ここにものを預けましょう。
  We can check our things here.

- カウンターで食前酒でも飲みましょう。
  Let's have an aperitif at the bar.

- ここでは上着とネクタイをつけることになっているのですか。
  Are we expected to wear a jacket and a tie here?

- ネクタイを忘れてきたので，お借りできますか。
  I left my tie behind.　May I borrow one?

- 部屋に戻って着替えてきます。
  May I return to my room to change my clothes?

---

13. 食　　事

★着席・食前酒:taking a seat・drinks before dinner

案内されるまで待ちます。右手で椅子を引き左側から座ります。女性の方が先に奥を背にする方に座ります。タバコはデザートまで控えるように心がけてください。各テーブルには担当のウエーターやウエイトレスが決まっています。

- あそこのピアノのそばにお願いします。
  We'd like to sit over there by the piano.

- 海が見えるところだったらどこでもいいですよ。
  One by the sea would be O.K.

- メニューをみせてください。
  May I have a menu, please?

- 食事の前の飲み物に何がありますか。
  What kind of drinks do you have for before dinner?

- 辛口のマーティーニーにします。
  I'll have a Martini, very dry.

- ジンフィーズを持って来てください。
  Bring me a Gin Fizz, please.

- 何もいりません。ありがとう。
  I don't think I'll have anything, thank you.

- ワインリストを見せてください。
  May I see the wine list?

- この土地のワインを飲みたいのですが。
  We'd like to have some local wine.

- 手頃なワインを選んでください。
  Could you recommend some good wine?

- ワインをグラスでください。
  May I order wine by the glass?

★注文：order

- これから注文します。
  We want to order now.

- 何かおすすめ料理でもありますか。
  What do you recommend?

- 本日の特別料理は何ですか。
  What's today's special?

- この土地の特別料理はなんですか。
  What are the local dishes?

- あれと同じのをお願いします。
  Can I have the same dish as that?

- これをください。
  I'll have that.

- スープはコンソメにしてください。
  I'd like to order consomme for the soup.

- ベイクトポテトといんげんをください。
  I'll have a baked potato and green beans.

- オイルとビネガーのドレッシングをお願いします。
  Oil and vinegar dressing, please.

- ステーキは中くらいの焼きにしてください。
  I'd like my steak medium.

- あまり甘くしないでください。
  Can you make it not sweet?

- 後でコーヒーをお願いします。
  I'd like coffee later.

- 勘定は分けてください。
  Can we have separate checks?

- 飲み物とデザートを入れて50ドル以内で食べたいのですが。
  I'd like to have dinner for less than fifty dollars including drinks and dessert.

★食事中：eating

　注文を終えるとすぐナプキンはひざの上に置きます。ナイフやフォークは外側から使っていきます。食事中に大声で話をしたり，皿をガチャガチャとさせたり，また音をたててスープやコーヒーを飲んだりしてはいけません。ゲップも相手に不快感を与えます。

　ナイフやフォークを落としてしまったら，自分で拾わずにウエーターに頼んで代わりのを持って来てもらいます。

　ヨーロッパとくにフランス，スペインやイタリアなどの国々では，食事にたっぷり2時間はかけます。レストランに入ったら時間がかかるのは覚悟しなくてはなりません。

● このロブスターの食べ方を教えてください。
　Could you tell me how to eat this lobster?

● これを注文しなかったのですが。
　I didn't order this.

● 注文したのと違います。
　This is not what I ordered.

● 魚でなくステーキをお願いしたのですが。
　I ordered the steak, not the fish.

● サザンアイランドではなくロックフォートドレッシングと言ったのですが。
　I asked for Roquefort, not Thousand Island.

- フォークを落としてしまいました。
  I dropped my fork.

- 炭酸なしのミネラルウォーターをください。
  May I have a bottle of noncarbonated mineral water?

- パンをもう少しください。
  May I have some more bread?

- これは生すぎて食べられません。もっとよく焼いたのをください。
  This is too rare. Will you make it well-done, please?

- ちょっと多すぎて食べられません。
  It's more than I can eat.

- ローストビーフを待っているのですが、まだ来ません。
  I've been waiting for my roast beef for a long time. It hasn't come yet.

- 電車の時間があるので、注文したのを取り消したいのですが。
  We may miss our train, so we'd like to cancel the order.

> ★デザート：dessert

● デザートは何がありますか。
What do you have for dessert?

● デザートの代わりに果物がありますか。
Can I have some fruit instead of the dessert?

● どんなアイスクリームがありますか。
What kinds of ice cream do you have?

● コーヒーはコースに含まれていますか。
Is coffee included in this meal?

● タバコを吸ってもいいですか。
May I smoke now?

★食事を終えて：after dinner

● 食事はすばらしかった。
The food was excellent.

● これを持ち帰りたいのですが。
I'd like to take this home.

● 持ち帰り袋はありますか。
Do you have doggy bags?

● コーヒーをもう少しいただけますか。
May I have some more coffee?

● お勘定をお願いします。
Could I have my bill, please?

★支払い：paying a bill

　ウエイターに勘定を書くしぐさをするだけで伝わります。ウエイターが勘定書を席まで持って来ますので，一つ一つ確認して，ウエイターにお金を渡します。

　割り勘にする場合は，席に案内された時点でウエイターに言っておいた方がいいでしょう。

　チップはウエイターに直接渡すのではなく，テーブルの上に置いておきます。チップは合計金額の15〜20％が目安です。

　カードでの支払いは，食事料金とサービス料の合計金額を伝票に書き，署名をします。

- 計算が違うようです。
  I think there is a mistake in the bill.

- もう一度調べてください。
  Could you check it again?

- おつりが違います。
  I'm afraid you gave me the wrong change.

- 足し算が違っていませんか。
  I think this is added incorrectly.

- これは注文していません。
  I didn't order this.

- サービス料と税金が含まれていますか。
  Is the service charge and tax included in this bill?

- 勘定は別々にしていただけますか。
  Will you give us separate checks?

- 領収書をいただけますか。
  May I have a receipt?

- ここで支払うのですか, それとも会計の方ですか。
  Do I pay you or the cashier?

- このカードで支払えますか。
  Do you accept this charge card?

- チップはカード払いに含めました。
  I included the tip in the card.

- 勘定は部屋につけてください。
  Will you charge it to my room, please?

II. カフェテリア：cafeteria

　カフェテリアはセルフ・サービスなので,言葉を知らなくても利用できます。好きなものを取って,お盆にのせ,レジへ持って行くと計算をして料金を出してくれます。

- これは何ですか。
  What's this?

- サラダがありますか。
  Do you have salad?

- ドレッシングがありますか。
  What kind of dressing do you have?

- コーヒーはおかわりできますか。
  Can we have more coffee?

- ケチャップはありますか。
  Do you have ketchup?

- ナイフやフォークはどこですか。
  Where can I get a knife and fork?

- 合計金額が違いますよ。
  I think this total is wrong.

III. ファースト・フード：fast food

automat, delicatessen, drive-through, hamburger shop などファースト・フードの店はたくさんあり，そこで食べるのや持ち帰りなどさまざまあります。

automat は自動販売機のレストランで，小さな窓のついた棚に皿が入っていて，好みのをみつけて指定の金額のコインを入れると窓が開きます。

delicatessen は日本の惣菜屋にあたり，hamburger shop は日本と同じです。ただし，アメリカでは1対1ではなく，一人の客に注文を聞く人，手渡す人，会計係りの3人が担当している所が多いです。

drive-through は車に乗ったままで注文することができ，お盆を車の窓枠にひっかけて食べます。

● ここで食べます。

I'll eat here.

● 持ち帰ります。

To take out, please.

● チーズバーガー2個とスモールサイズのハンバーガー1個，ラージサイズのフライドポテト1個と普通のコーラ2個とミルクセーキを1つ持ち帰りたいのですが。

I'll have two cheeseburgers, one small hamburger, one large order of French fries, two regular Cokes and one milk shake to go.

● サンドウイッチはスイス・チーズとハムとレタスをお願いします。
I'd like Swiss cheese, ham and lettuce for my sandwich.

● マスタードとケチャップをたくさんつけてください。
Lots of mustard and ketchup, please.

IV. バー：bar

バーには普通ホステスはいません。カウンターに座っても，テーブルについても，チップをおくのが普通ですが，通常は料金の15％のチップを支払います。

他にナイトクラブでもカクテルを飲み，また音楽を聞いて，フロアーショーを楽しみ，食事もできます。電話であらかじめ予約をしておく必要があります。チップは料金の20％が普通です。

● アルコール以外の飲み物をいただけますか。
Do you serve soft drinks here?

● 何かつまみがありますか。
Give me something to eat, please.

● ピッチャ1つとコップ3つお願いします。
I'd like a pitcher with three glasses.

- トムコリンズの中身はなんですか。
  What's in a Tom Collins?

- マーティーニーは何ですか。
  What's a Martini?

- ジャックダニエルのバーボンのソーダ割りをください。
  Jack Daniel's with soda water, please.

- ストレートでお願いします。
  I'll drink it straight.

- ダブルにしてください。
  Make it a double.

14 — 帰 国
Returning

　飛行機の予約を入れます。出発時に予約してある場合は，予約の再確認をしておきます。

　荷物の整理をして，帰国するまで必要ないものやおみやげなどは別送すると身軽になります。帰国時に手荷物として持ち込む以外を別送荷物といいます。別送品にすると，携帯する荷物と合わせて20万円までの旅行者免税措置が適用されます。飛行機内で配布される「別送品申

告書」2通に記入して提出しなければなりません。
　日本入国時の免税範囲とは，酒類3本，紙巻きタバコ200本，葉巻タバコ50本，その他のタバコ250g，香水2オンス，その他の品物は合計金額20万円までで，ただし1品目ごとの合計が1万円以下のものは免税されます。

★予約：reservation

● 3月12日の東京行きを予約したいのですが。
I'd like to reserve a seat to Tokyo on March twelfth.

● 航空券を持っていますので，次の東京行の便を予約してください。
I have a ticket, so please reserve the next flight to Tokyo.

● 便名と出発時間を教えてください。
What is the flight number and departure time?

★予約の再確認：reconfirmation

● 予約の再確認をお願いします。
I'd like to reconfirm my flight.

● 出発時刻を確認したい。
I'd like to confirm the departure time.

- チェックインは何時までですか。
  By what time should I check in?

- 予約の変更をしたいのですが。
  I'd like to change my flight reservation.

★チェックイン：check-in

- 搭乗口はどこですか。
  Where is the boarding gate?

- 免税店はどこですか。
  Where is the duty-free shop?

- エールフランスのカウンターはどこですか。
  Where is the Air France Airlines counter?

- 満席だなんて，規則どおりにやりました。別の便を見つけてください。
  Are all the seats fully booked? I did what the regulations require. Could you find any other flight?

- オーバーブックをしたのですね。仕事の都合上どうしてもこの便に乗らなくてはいけません。
  You've overbooked the flight, haven't you? I have to take this flight because of business.

- タクシーに航空券を忘れてしまいました。
  I've left my airline ticket in a taxi.

- 航空券のコピーをたまたま持っているので，再発行していただけますか。
  Since I happen to have a copy of my airline ticket, can I have it reissued?

- カメラをホテルに忘れて来たので，戻る時間がありますか。
  I left my camera in the hotel. Do I have enough time to go back to the hotel?

- これを次の宿泊予定のグランドホテルに送っていただけますか。
  Would you send this to the next Grand Hotel where we are expected to stay?

- どれくらい遅れますか。
  How long will it be delayed?

- 東京には何時に到着ですか。
  What time will we arrive in Tokyo?

旅行英会話 困ったときにはこの表現！

2003年3月20日　初版発行

著　者　伊　藤　典　子
発行者　竹　下　晴　信
印刷所　㈱平　河　工　業　社
製本所　有限会社　友晃社製本

発行所　株式会社　評　論　社
（〒162-0815）東京都新宿区筑土八幡町2-21
電話 営業(03)3260-9409 FAX(03)3260-9408
　　　編集(03)3260-9406 振替 00180-1-7294

ISBN4-566-05743-7　落丁・乱丁本は本社にておとりかえいたします。